本书为2018年度教育部哲学社会科学研究重大课题攻关项目"三线建设历史资料搜集整理与研究"（项目编号：18JZD027）阶段性成果；四川省哲学社会科学"十三五"规划2019年度项目"三线精神的历史生成逻辑与新时代价值内涵研究"（项目批准号：SC19B054）阶段性成果

三线建设历史研究辑刊

总主编／李德英

三线建设之光

——英雄攀枝花的三线情缘

主编／朱云生　何悦

四川大学出版社

项目策划：杨岳峰
责任编辑：杨岳峰
责任校对：李　耕
封面设计：墨创文化
责任印制：王　炜

图书在版编目（CIP）数据

三线建设之光：英雄攀枝花的三线情缘 / 朱云生，何悦主编． — 成都：四川大学出版社，2020.8
（三线建设历史研究辑刊 / 李德英总主编）
ISBN 978-7-5690-3394-6

Ⅰ．①三… Ⅱ．①朱… ②何… Ⅲ．①国防工业－经济建设－经济史－攀枝花市 Ⅳ．① F426.48

中国版本图书馆 CIP 数据核字（2020）第 166520 号

书　名	三线建设之光——英雄攀枝花的三线情缘
	SANXIAN JIANSHE ZHI GUANG——YINGXIONG PANZHIHUA DE SANXIAN QINGYUAN
主　编	朱云生　何　悦
出　版	四川大学出版社
地　址	成都市一环路南一段 24 号（610065）
发　行	四川大学出版社
书　号	ISBN 978-7-5690-3394-6
印前制作	四川胜翔数码印务设计有限公司
印　刷	四川盛图彩色印刷有限公司
成品尺寸	170mm×240mm
印　张	12.5
字　数	195 千字
版　次	2020 年 9 月第 1 版
印　次	2020 年 9 月第 1 次印刷
定　价	42.00 元

版权所有 ◆ 侵权必究

◆ 读者邮购本书，请与本社发行科联系。
电话：（028）85408408/（028）85401670/
（028）86408023　邮政编码：610065
◆ 本社图书如有印装质量问题，请寄回出版社调换。
◆ 网址：http://press.scu.edu.cn

四川大学出版社
微信公众号

编委会

主　　任：肖立军
主　　编：朱云生　何　悦
副主编：王　华　罗春秋
编　　委：代　俊　唐　林
　　　　　姚晓菲　韩　刚

建设初期的攀枝花

新时代的攀枝花（1）

新时代的攀枝花（2）

攀枝花繁花似锦

阳光康养攀枝花

攀枝花瓜果飘香

攀枝花中国三线建设博物馆

攀枝花中国苴却砚博物馆

二滩水电站

攀钢百米重轨

"十三栋"攀枝花建设纪念馆

大田会议旧址

五〇三地下战备电厂外景

兰尖露天铁矿

1970年7月1日庆祝攀钢一号高炉出铁

1970年7月1日庆祝成昆铁路通车

狮子山万吨大爆破

徐景春版画《攀钢厂区》

三线建设时期艰苦创业（1）　　　　　三线建设时期艰苦创业（2）

三线建设时期艰苦创业（3）

三线建设时期艰苦创业（4）

三线建设时期艰苦创业（5）

三线建设时期艰苦创业（6）

三线建设时期艰苦创业（7）

三线建设时期艰苦创业（8）

三线建设时期艰苦创业（9）

三线建设时期艰苦创业（10）

三线建设时期艰苦创业（11）

三线建设时期艰苦创业（12）

三线建设时期艰苦创业（13）

三线建设时期艰苦创业（14）

三线建设时期艰苦创业（15）

三线建设时期艰苦创业（16）

三线建设时期艰苦创业（17）

英雄花·来时路

（代序）

一

2015年3月4日，攀枝花，中国三线建设博物馆，落成，开馆。

一座博物馆记录一段历史，一段历史重新走进现实，我们进入博物馆看真实的历史。

攀枝花，全国唯一以花命名的城市。据说，这个美丽的名字是当年攀枝花大开发前毛泽东主席亲自确定下来的。

攀枝花，三线建设，毛泽东，这背后到底有多少神秘的故事？

二

时间回转到20世纪五六十年代。那时，新生的共和国意气风发，高歌猛进，人民群众奋发图强。虽然我们也曾犯了错误，走了弯路，碰了钉子，但只要目标在，心就在。大家劲往一处使，力往一处用，由我们开创的伟大事业仍是一片欣欣向荣。

树欲静而风不止，帝国主义亡我之心不死。

随着与苏联交恶，世界上最强大的两个国家与我们为敌。继朝鲜战争之后，中国再一次面临最严重的战争威胁。山雨欲来风满楼，毛泽东强调，我们要准备"两个拳头打人"。

全国开始加强国防军工建设，并在中西部地区修筑战略大后方，准备打仗，打核战争。毛泽东和党中央迅速作出三线建设的重大决策，一场全国性的备战由此拉开序幕。

"备战备荒为人民，好人好马上三线"，是党中央发出的保家卫国的感召令，也是时代吹响的冲锋陷阵的集结号。到西部去，到艰苦的地方去，到祖国最需要的地方去，成千上万的三线建设者远离家乡故土，毅然来到祖国西部的大山沟里。他们把全部青春献给了三线建设，献给了那里的一草一木、一山一水。他们用几代人的艰辛、血汗和生命，为国家、人民铸就了安全屏障，为社会经济打下牢固基础。

三

金沙江畔，若水之滨。

大自然的鬼斧神工造就了奇峻雄险的攀西大裂谷，也成就了富甲天下的聚宝盆。大裂谷是一座琳琅满目的矿物陈列馆，这是上帝馈赠人类的珍贵礼物。

在决策三线建设的过程中，毛泽东主席的目光始终没有离开过这块神奇的土地。

1965年3月4日，毛泽东主席在冶金部部长吕东、攀枝花工业基地建设指挥部总指挥徐驰呈送的《加强攀枝花工业区建设的报告》上批示："此件很好。"这一天，成为攀枝花开发建设纪念日，即建市纪念日。从此，一幅绚丽恢宏的画卷在金沙江畔、宝鼎山麓、大裂谷间徐徐展开。

"攀枝花钢铁厂还是要搞，不搞我总是不放心，打起仗来怎么办？""建设攀枝花，要有紧迫感，这是和帝国主义争时间的问题。""钉子就钉在攀枝花。""攀枝花搞不起来，睡不着觉。""你们不搞攀枝花，我就骑毛驴去那里开会；没有钱，拿我的稿费去搞。""建不建攀枝花，不是钢铁厂的问题，而是战略问题。""攀枝花建设要快，但不要潦草。"

攀枝花，在那个风谲云诡的时代，承载了共和国领袖的厚望。攀枝花成为三线建设的重中之重。

由此，攀枝花进入高光时刻。

30万建设大军风尘仆仆，从天南地北奔赴攀枝花。大裂谷的亘古沉寂被打破，时代琴弦在这里奏出最强音，建设者们在这里上演了一场战天斗地、气壮山河的活剧。中国人民自力更生、艰苦奋斗的精神在这里开出了绚烂的花朵。

昔日的不毛之地结出了丰硕的果实。一座百里钢城诞生在攀西大裂谷中央，改写了中国钢铁工业的格局；一条上千公里长的铁路贯穿了偏僻的大西南，创造了世界铁路建设史上的奇迹。

四

金沙水长，历久弥新。

55年的发展历程，跨越两个世纪，见证数个时代。

攀枝花，昔日的三线重镇、百里钢城，现在已经发展成一个现代化的新兴城市。"钒钛之都""阳光花城""康养胜地"……新时代的攀枝花有了一系列崭新的名片。攀枝花因三线建设而兴，是一座典型的三线建设城市，这是她出生时就带有的胎记。三线文化是她的"根"，三线精神是她的"魂"。艰苦创业、无私奉献、团结协作、勇于创新的精神早已融入她的血脉。

三线建设已经成为历史，三线精神却是一面永不褪色的旗帜，熠熠生辉。

这是一部不忘初心的红色史诗，这是一曲牢记使命的时代赞歌，这是一幅战天斗地的英雄画卷。

春暖花开，岁月静好。

攀枝花，城是一朵花，花是一座城。

攀枝花，英雄城，无论走得再远，也不能忘记来时的路。

咏攀枝花
·彭德怀

天帐地床意志强，
渡口无限好风光。
江水滔滔流不息，
大山重重尽宝藏。
悬崖险绝通铁道，
巍山恶水齐变样。
党给人民力无穷，
众志成城心向党。

目 录

第一篇 忆·峥嵘岁月

第一章 山雨欲来风满楼 …………………………………… （3）
  一、国际局势日趋紧张 ………………………………… （3）
  二、国内形势不容乐观 ………………………………… （11）
  三、中央作出重大决策 ………………………………… （14）

第二章 攀西裂谷筑钢城 …………………………………… （18）
  一、七户人家一棵树 …………………………………… （18）
  二、决策开发攀枝花 …………………………………… （23）
  三、艰苦创业大会战 …………………………………… （28）

第三章 金沙江畔现明珠 …………………………………… （34）
  一、一个大型钢铁企业 ………………………………… （34）
  二、一条西南经济大动脉 ……………………………… （37）
  三、一座新兴工业之城 ………………………………… （40）

第二篇 展·时代宏图

第四章 从"百里钢城"到"钒钛之都" ………………… （45）
  一、钒钛资源得天独厚 ………………………………… （45）
  二、"百里钢城"话"攀钢" …………………………… （46）
  三、"钒钛之都"再铸辉煌 …………………………… （48）

· 1 ·

第五章 阳光花城展新颜·····················（50）
  一、特有的"六度"禀赋·····················（50）
  二、亮丽的城市底色·····················（51）
  三、诱人的城市味道·····················（52）
  四、旅养皆宜的康养胜地·····················（54）

第六章 区位独特开新篇·····················（56）
  一、区位得天独厚·····················（56）
  二、区域枢纽练内功·····················（57）
  三、南向门户促开放·····················（59）

第三篇 缅·居功至伟

第七章 领导关怀·····················（63）
  一、毛泽东：攀枝花建设不好，我睡不着觉·····················（63）
  二、周恩来：三线建设，渡口很好·····················（65）
  三、邓小平：这里得天独厚·····················（67）
  四、彭德怀：渡口无限好风光·····················（69）
  五、李富春、薄一波：计划没有变化快·····················（71）
  六、方毅：攀枝花是中国的宝地·····················（72）

第八章 中流砥柱·····················（76）
  一、常隆庆：揭秘攀西宝藏的先行者·····················（77）
  二、程子华：骨灰撒入金沙江·····················（80）
  三、徐驰：千头万绪且徐行·····················（82）
  四、周传典：南征北战试验忙·····················（84）
  五、亓伟：攀枝花下埋忠骨·····················（86）
  六、杨文仲：大学者心许三线·····················（89）

第九章 青春无悔·····················（92）
  一、"八闯将"·····················（92）
  二、"六金花"·····················（99）
  三、兰尖采场的"十八朵金花"·····················（106）
  四、"一百单八将"破解世界难题·····················（106）

第四篇 传·三线精神

第十章 三线精神寻根追梦 (111)
 一、三线精神探源——中国梦的历史追寻 (111)
 二、三线精神寻根——优秀传统文化的浸润 (113)
 三、三线精神铸魂——红色基因的传承弘扬 (114)
 四、三线精神筑基——建设者的使命担当 (115)

第十一章 三线精神历久弥新 (117)
 一、艰苦创业——三线精神的不凡品格 (117)
 二、无私奉献——三线精神的英雄气质 (119)
 三、团结协作——三线精神的宏阔视野 (121)
 四、勇于创新——三线精神的活力源泉 (122)

第五篇 听·历史有声

 一、中国三线建设博物馆：三线人的集体记忆 (127)
 二、三线建设纪念园：走过激情燃烧的岁月 (132)
 三、百米重轨生产线：攀钢的世界速度 (137)
 四、大田会议：绘制攀枝花建设蓝图 (141)
 五、十三栋：见证伟人的决策 (143)
 六、兰尖铁矿：城市原点的故事 (147)
 七、五〇三地下战备电厂：深山里的洞府明珠 (150)
 八、攀钢一号高炉：冶炼钒钛磁铁矿的第一高炉 (153)
 九、背水小道：习风园里传精神 (155)
 十、二滩水电站："高峡平湖"开新篇 (158)
 十一、桥梁博物馆：渡口与桥的故事 (161)

参考文献 (170)

后记 (173)

第一篇

忆·峥嵘岁月

20世纪五六十年代是一段激情燃烧的岁月,是一个风云变幻的时代。

一方面,新中国成立,国家虽百废待兴,社会却也万象更新。刚刚脱离苦海获得新生的广大人民群众斗志昂扬、满怀激情投身伟大的社会主义建设事业。另一方面,国际形势发生着巨大的变化,大动荡、大分裂、大改组是最鲜明的特点。随着中苏关系的破裂,中国面临更加复杂的国际形势。在这样的历史形势下,我国不断调整对外政策,对外准备"两个拳头打人",立足于早打、大打、打原子战争;对内实行"备战备荒为人民,好人好马上三线"的战略调整,动员一切力量,为可能发生的战争作充分准备。天下兴亡,匹夫有责。这一时期,无论是应对国际敌对势力的战争威胁,还是同自然灾害和物质匮乏作斗争,全国人民都表现出了强烈的爱国热情和顽强的斗争精神。人们把自己的命运和国家的命运融为一体,把自己的青春、热血甚至生命,都毫无保留地献给了那段峥嵘岁月。

这个时代孕育产生了像红旗渠精神、大庆精神和三线精神这样的宝贵精神财富,同时这些精神文化也引领和塑造了整个时代。

第一章

山雨欲来风满楼

第二次世界大战后，为了争夺世界霸权，美苏两个超级大国制造了冷战的阴霾，刚刚诞生的新中国迅速地被拖进了冷战的漩涡。特别是进入20世纪60年代，国际局势风云突变，中国面临着严峻的战争威胁。在我国的南部，美国将战火燃烧到了中越边界，直接威胁我国的南大门。在北部地区，由于中苏关系的破裂，两国边界的紧张局势进一步加剧，苏联不断增加在中国边境地区的军事力量，还把战略导弹直接指向中国。在西南方向，印度也蠢蠢欲动，图谋蚕食中国领土。在东北方向，美国驻军韩国和日本，对中国和远东地区构成威胁。此外，盘踞台湾的蒋介石集团在美国的支持下也一直叫嚣反攻大陆，并对东南沿海进行窜扰。纵观当时的周边局势，大有"山雨欲来风满楼"的紧张态势，国际形势的骤然变化引起了毛泽东和党中央的高度警惕。

一、国际局势日趋紧张

● 中苏关系由"蜜月"走向对立

新中国成立初期，党中央制定了"另起炉灶""打扫干净屋子再请客"和"一边倒"的三大外交政策。"一边倒"即倒向以苏联为首的社会主义阵营，与苏联结成正式同盟，相应形成了从苏联引进资金和技术的建设方针。新中国实施第一个五年计划的时候，苏联帮助中国建设了156个重大工业项目，中国大地上史无前例地形成了独立自主的工业体系雏形，中苏关系进入了后来被称为"蜜月时期"的友好合作新阶段。中苏两国还在军事、外交领域紧密合作，共同反对美国对朝鲜的侵略等。

中苏关系的裂痕起于苏联共产党第二十次全国代表大会，会议的最后，赫鲁晓夫作了《关于个人崇拜及其后果》的秘密报告，尖锐地批判了斯大林的严重错误，并提出资本主义可以通过"议会道路"和平过渡到社会主义的观点。毛泽东认为，赫鲁晓夫和苏共二十大批判斯大林的错误既"揭了盖子"，又"捅了娄子"。一方面，秘密报告表明，苏联、苏共、斯大林并不是一切都正确，这就破除了迷信，"揭了盖子"。另一方面，秘密报告无论在内容上还是方法上都有严重错误，这就"捅了娄子"。由此，中苏两个曾经紧密结成同盟的社会主义大国开始在意识形态领域走向分裂，甚至到最后引发了严重的军事对抗。

苏联共产党在波匈事件上同样表现出强烈的大国沙文主义。苏共领导人不但不改变这种错误认识，还变本加厉地不顾及中国共产党的坚定立场，采取一系列行动，企图从经济、政治和军事上对中国进行控制。苏联曾提出要与中国共同建立联合舰队和长波电台，被中国义正词严地拒绝。苏联为了控制中国，还带头组织其他社会主义国家对中国共产党进行大肆攻击，在东方社会主义阵营中甚至联合西方国家导演反华大合唱。

1960年7月，苏联政府突然单方面撕毁了合同，召回全部在华苏联专家，还带走了所有图纸、资料，使我国250多个企事业单位的建设处于停顿和半停顿状态，一些重大设计项目和科研项目也被迫中断。面对此种恶行，邓小平申明："中国共产党永远不会接受父子党、父子国的关系，你们撤退专家使我们受到了损失，给我们造成了困难。中国人民准备吞下这个损失，决心用自己双手的劳动来弥补这个损失，建设自己的国家。"苏联政府的背信弃义，严重干扰了我国的国民经济计划，给我国社会主义建设造成了严重的损失。更为恶劣的是，1961年苏联方面又趁中国经济困难之际，要求中国连本带息偿还抗美援朝时苏联支援中国的军事物资和贷款。在中苏关系的紧要关头，1962年苏联又在中国新疆伊犁、塔城地区策动了大批中国居民外逃事件。

1962年10月，古巴导弹危机爆发之后，中苏矛盾更加严重，陷入了理论论战的泥潭。双方都指责对方的路线、方针、政策，给对方扣上反马克思主义的帽子。这种争论由最初的意识形态分歧走向两国利益之争，最后扩大到社会主义阵营和国际共产主义运动路线之争。这场史无前例的大论战及其结局对共产主义运动产生了重大而深远的影响。论战不仅导致了社会主义阵营的破裂，也使得许多国家的共产党陷于分裂。与此同时，这场大论战也严重影响着我们党对国际形势的判断和对社会主义建设的认识，成为后来中央调整"三五"计划，开展三线建设的一个重要缘由。

1963年7月，苏联与蒙古人民共和国签订了针对中国的《关于苏联帮助蒙古加强南部边界防务的协定》，并派出武装部队进入蒙古。1963年8月5日，苏、美、英三国在莫斯科签署了《部分禁止核试验条约》，企图垄断核武器。中国政府严正声明拒绝参加，三个国家趁机对中国进行战争讹诈。勃列日涅夫上台后大肆推行对外扩张政策，苏联在中苏边境地区不断增加兵力，由赫鲁晓夫时期的十几个师20万人增加到54个师近100万人。苏联除了向中国边境调兵遣将外，还不断破坏边境现状，进行武装挑衅，制造流血冲突，并将战略导弹瞄准了我国的重要军事基地。1965年9月29日，在中外记者招待会上，外交部部长陈毅代表中国政府正告美苏两个大国：我们对帝国主义不存在任何幻想，中国人民在反对帝国主义的斗争中，愿意做出一切必要的牺牲，如果帝国主义决心要把侵略战争强加于我们，那就欢迎他们早点来，欢迎他们明天就来。

美苏两国争霸全球又合作主宰世界，害怕中国这样的大国成为阻碍他们行动的绊脚石，成为与他们抗衡的第三种力量，因此都欲除之而后快。美苏两国南北呼应，一个在东南边准备从海上对我国进行攻击，一个在西北边准备从陆上对我国进行攻击。美苏两个超级大国凭借强大的军事实力和其裙带国家，企图对我国进行南北夹击，我国东南西北四面都不太平，有黑云压城、山雨欲来之势。

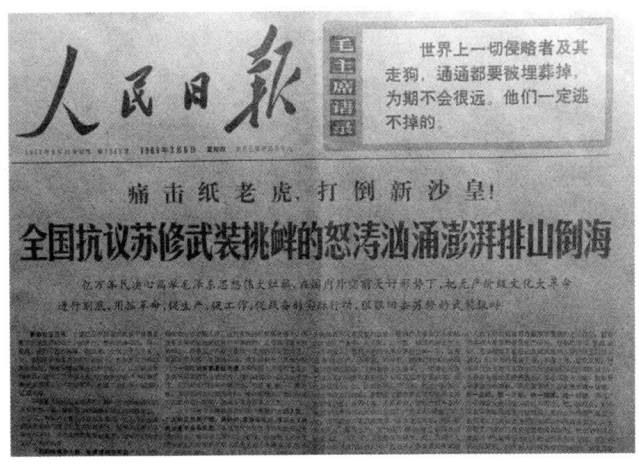

1969年3月6日《人民日报》

● **美国阴谋发动越南战争**

美帝国主义对新中国历来就没安好心。随着中苏同盟的形成，以及中美两国在鸭绿江边刀兵相见和中国对越南民族解放运动的支持，美国明显意识到共产党领导下的新中国对美国的安全利益已经构成强烈的威胁。冷战局面形成后，美国在亚洲除了积极扶植日本"遏制"新中国外，还把关注的目光投向了东南亚。东南亚不仅具有极其重要的战略地位和经济价值，而且越南民族解放运动中极具影响的胡志明还与共产党有直接的联系。美国完全不希望看到自己的殖民帝国政权被由苏联支持的政治机构所取代，认为东南亚的冲突是东西方对抗的一部分，具有全球性的战略意义，美国必须在东南亚采取一切可行的措施，支持法国人，阻止共产党进一步扩张，避免东南亚"沦陷"，引发"多米诺骨牌效应"，以确保美国的安全利益。肯尼迪总统更是把越南看作"自由世界在东南亚的柱石、拱顶石"，声称如果"赤色浪潮"淹没了越南，那么东南亚国家乃至印度、日本的安全会受到严重威胁。

从杜鲁门、艾森豪威尔到肯尼迪，美国政府不断加强对东南亚特别是越南的干涉和渗透，制定了介入越南战争的政策。1961年5月，肯尼迪政府下令派遣400名美军"特种作战部队"和100名军事顾问进入越南南方，开展"特种战争"并策划实施"34A行动计划"，同时派美国驱逐舰在北部湾进行海军巡航。

面对美国政府对越南的横蛮入侵及对中国产生的严重威胁，中越两国签署了两军协同作战的文件和中国向越南提供军事援助的协议。1964年8月5日，南越和北越军队在北部湾近海岛屿发生军事冲突，美国通过"马多克斯号"驱逐舰和"提康德罗加号"航空母舰发动对北越第一次公开的武装进攻。北部湾事件爆发，美帝国主义跨过战争边缘，迈出了扩大越南战争危险的第一步。中国政府发表郑重声明："越南民主共和国是中国唇齿相依的邻邦，越南人民是中国人民亲如手足的兄弟，美国对越南民主共和国的侵犯，就是对中国的侵犯，中国人民绝不会坐视不救。"应越南民主共和国主席胡志明的请求，中国向越南派出铁道兵、工程兵、高射炮兵等部队帮助北越抗击美军轰炸，抢修并保障铁路运输，建设重要公路、机场、红河三角洲及附近海岛的抗登陆紧急战备工程。中国人民用鲜血和生命保卫了越南北方的领土、领空。中国在十年的援越抗美战争中，援助超过了 200 亿美元和 30 多万工程保障支援部队。在中国的援助下，越南人民最终打败了美帝国主义。

1968 年 3 月 19 日《人民日报》

美国在侵略越南的同时，也加紧了侵略中国的近邻老挝、柬埔寨的脚步。美国总是企图通过侵略和占领中国周边国家，作为侵略中国的基地和跳板。美国对东南亚国家的侵略，实际上都是冲着中国而来。中国对越南人民的坚决支持，使美国政府加强了对中国的封锁和敌视。1964 年是中国核试验最为关键的一年，美国甚至考虑先发制人地对中国核基地发动军事袭击，以阻止中国成为拥有核武器的国家，并就此计划试探了苏联的意见。美国绝不会放弃对中国的包围和进攻，中国也绝不放弃尽可能广泛地支持被侵略者扛起反帝反美的大旗。世界格局就是在这种反复较量中演变和发展，面对世界上最强大的两个对手，中国只有动员一切力量，准备两个拳头打人，才可能争取胜利。

● 美台勾结不断袭扰大陆

新中国成立后，美国政府一直对中国采取遏制和孤立的僵硬政策，特别是和台湾国民党政府串通一气，不断制造事端，威胁大陆的安全。

三线建设之光
——英雄攀枝花的三线情缘

中国对美政策则体现出原则性和灵活性，针锋相对地反对美国的侵略政策和战争政策，反对美国侵占中国领土台湾。为了宣示中国对台湾的领土主权，打击台湾当局所谓"反攻大陆"的嚣张气焰，谴责美台所谓"共同防御条约"的签订，中国人民解放军从1953年初起不断对金门和马祖地区进行炮击，表明中国人民维护国家领土、主权完整的不容置疑的决心。1955年1月18日，人民解放军发起首次陆海空军联合作战，解放了大陈岛外围的一江山岛。2月13日至26日，人民解放军又解放了大陈岛及其外围列岛。至此，浙江沿海岛屿全部解放。

1960年6月18日《中国青年报》

20世纪60年代初，由于中国大陆连续几年的自然灾害，经济上处于严重困难时期，加上中苏关系破裂，使得台湾国民党当局错误地估计了形势，认为反攻大陆的机会已经到来。在美国的支持和怂恿下，蒋介石政府制定了阴谋反攻大陆的"旭光作战"计划，企图窜犯大陆，并宣称3到5年内就可以完成"全国统一"的任务。为此，蒋介石集团一方面下达了全面的"征兵动员令"，强迫在台湾地区的青壮年参军入伍，并勒令台湾地区原定退伍的军人无限期地延长服役期限。另一方面，台湾当局设立了"经济动员计划委员会",通过了"国防特别预算",甚至还成立了"战地政务局",准备登陆后建立伪政权机构。台湾当局完善了一系列组织形式后,还不断地制造紧张气氛,台湾从平时状态转入战时状态或准战时状态。在美军的参与下,国民党军队还不断进行以窜犯大陆为目标的作战演习。各种情况表明,蒋介石集团从各个方面积极准备对大陆沿海地区进行突然的军事冒险。

美国不断指使和支持蒋介石集团策划军事冒险,筹集大量军事物资运送到台湾,希望中国人民打内战,以达到其遏制新中国的目的。为配合台湾当局的"反攻"行动,驻日本横须贺海军基地的美国第七舰队军舰开出基地进行"海上活动",并调往台湾海峡布防。在美国的指使下,台湾当局不断进行窜犯大陆沿海的活动,甚至实施大规模的军事冒险行动。1962年4月到9月,蒋介石军队多次侵入山东省青岛地区海域和福建省平潭海域,甚至出动高空侦察机侵入华东地区上空,被中国人民解放军空军部队击落。台湾处心积虑的一次次冒险行动都以失败告终。蒋介石集团还绞尽脑汁组建和培训特务,派遣武装特务到大陆企图进行游击活动和渗透工作,扰乱社会治安,颠覆人民政权。在中国共产党的领导下,大陆军民严阵以待,一次次挫败了美国和蒋介石集团的阴谋。

● **印度意欲蚕食中国领土**

中国和印度的边界虽然在历史上从来没有正式划定过,但在两国人民长期和睦共处的过程中,按照双方行政管辖的范围,早已约定俗成形成了一条长约2 000公里的传统边界线。印度独立后,不仅接管了英国侵占中国西藏的一些边境地区,而且还进一步扩大了其占领范围。印度当局于1951年至1953年,趁新中国成立初期进行抗美援朝战争之际,在中印边境东段非法控制了"麦克马洪线"以南、传统习惯线以北的中国领土约9 000平方公里,此后又在中印边境的中段和西段侵占了大量的中国领土。

1959年3月,中央政府在西藏所取得的平叛胜利,挫败了中外反动势力阴谋制造"西藏独立"的社会基础,使印度幻想的"缓冲国"的企图破灭。印度当局对西藏境内的民族分裂势力采取或明或暗的支持态度,给两国关系投下阴影。印度政府蓄意向中国挑起边境争端,制造边境紧张局势,使中印关系严重恶化。我国政府为了避免边境武装冲突,提出了和平解决中印边界问题的原则立场，但是印度当局把中国政府的克制忍让视为软弱可欺，得寸进尺，步步进逼。印度政府认为，中国和苏联关系破裂以后，主要军队都集中在新疆等西北部地区，沿海地区又要加强防备台湾美蒋军队的反攻，在中印边界地区兵力少，防务空虚，中国士兵适应不了高原缺氧寒冷的自然条件，又得不到苏联和美国的支持，就此认定，此时是在中印边界全线进攻的良好时机。因此印度一再拒绝中国和平谈判的要求，紧锣密鼓地策动侵略战争。

1962年11月18日、24日《人民日报》

从1961年开始，印度多次挑起边界冲突，不断制造流血事件，不断蚕食中国领土。中国人民解放军驻西藏、新疆边防部队奉命进行自卫反击，拉开了中印边境自卫反击作战的序幕。人民解放军边防部队在党中央的英明领导和指挥下，彻底粉碎了印度军队的多次进犯，一直打到中印边界传统习惯线，以较小的代价取得了重大胜利，驱逐了入侵的印军，维护了中国领土和主权，打击了当时印度扩张主义者的气焰，大扬了国威和军威。在我军主动宣布全线停火后，印度方面仍不断派遣飞机侵入中国领空进行挑衅和伺机反扑。1962年12月，美国政府派遣200人的军队赶赴印度，蓄意煽动印度政府扩大中印边界军事冲突。在美国的支持下，印度军队又逐步向中国境内推进，不断非法侵占"麦克马洪线"以南的中国大片领土。

二、国内形势不容乐观

● **国民经济陷入严重困难**

1956年对生产资料私有制的社会主义改造基本完成后,社会主义制度在中国全面确立,中国共产党努力探索和开辟一条适合中国国情的社会主义建设道路。以毛泽东的《论十大关系》发表和党的八大召开为标志,大规模的社会主义建设在我国全面展开。由于社会主义建设初期经验不足,加上苏联模式对中国的影响,特别是广大人民群众经济建设热情高涨,党中央和毛泽东酝酿并制定了社会主义建设总路线,并在这个过程中相继发动了"大跃进"和人民公社化运动。1958年"大跃进"和人民公社化运动,特别是"反右倾"以后继续"大跃进"的错误,加上1959年开始连续三年严重的自然灾害,中国的经济社会建设出现了严重困难。与此同时,苏联政府对中国背信弃义,单方面撕毁与中国签订的合同,天灾人祸导致我国国民经济出现了新中国成立以来最为严重的困难。

这种困难的严重程度是新中国成立以来从未有过的。一方面国家坚持"以钢为纲",造成国民经济比例严重失调。另一方面轻工业和农业的生产大幅下降。据统计,农业总产值从1958年连续三年下滑,1960年农业总产值只完成457亿元;轻工业总产值只完成547亿元,比1959年下降9.8%;1959年粮食产量3 393.6亿斤,仅相当于1954年的水平。农业和轻工业生产与人民群众的生活直接相关。由于可供应市场的商品大幅度减少,职工人数却急剧增加,市场供应非常紧张,造成商品奇缺和通货膨胀,人民消费水平大幅度下降。为了控制物价上涨,合理分配有限的商品,国家制定限购政策并对许多商品实行定量供应和凭证供应,发放了粮票、肉票、蛋票、糖票、肥皂票甚至火柴票等各种票证和工业券。由于缺衣少食,许多地方城乡居民出现了浮肿病,患肝炎和妇女病的人数也在急剧增加。出生率大幅度大面积降低,死亡率明显升高。

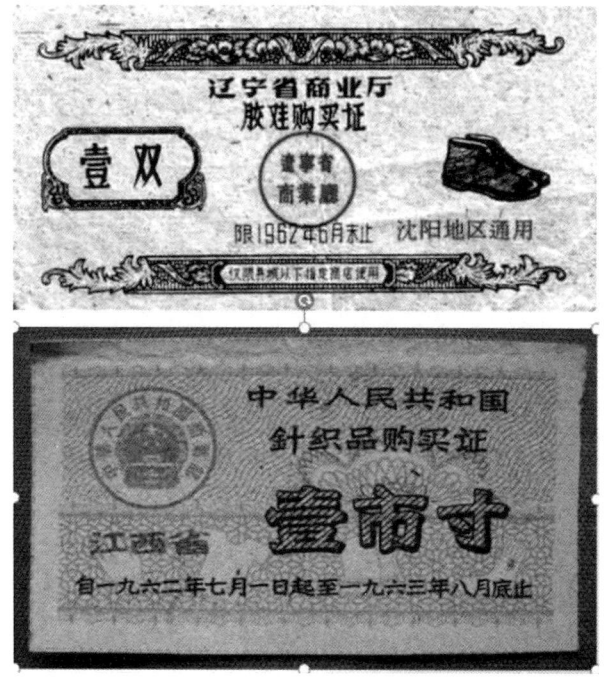

1962年发行的票证

● **国民经济调整的"八字方针"**

面对"大跃进"造成的经济全面紧张和社会生活困难的局面，党中央决心认真开展调查研究，扭转局面，纠正错误，全面调整国民经济政策，努力恢复和发展生产。1961年1月，党的八届九中全会正式决定对国民经济实行"调整、巩固、充实、提高"的八字方针。经过两年的调整，虽然经济困难的情况有所缓解，但工农业生产仍在恢复当中，人民缺吃少穿的情况还是很严重。对经济形势的估计关系到党对整个国民经济发展的战略决策，中央对此极为重视。中央主要精力仍集中于抓经济调整，全国上下认真贯彻调整国民经济的八字方针，努力恢复和发展生产。党中央在1963年9月召开工作会议，正式确定再用三年时间继续进行调整工作，作为第二个五年计划到第三个五年计划之间的过渡阶段，仍然以"调整、巩固、充实、提高"的八字方针作为这一时期国民经济计划的指导方针。

经过三年的努力，国民经济调整的任务终于得以全面完成，全党和全国人民比较圆满地实现了1963年9月中央工作会议提出的继续调整的目标：工农业总产值超过1957年的水平，1965年全国工农业总产值达到2 235亿元；工农业生产中农轻重的关系比例实现了在新的基础上的协调发展，1965年农业、轻工业、重工业在工农业生产总值中的比重分别是37.3%、32.3%和30.4%，基本上符合当时我国经济发展的客观需要；国民经济生活中积累与消费的比例关系基本恢复正常，经过三年的继续调整，1965年积累率回升到27.1%，大体相当于1957年的水平。在调整时期，党和政府始终明确坚持处理好积累和消费，个人、集体和国家之间多种利益关系，在发展经济的基础上，更注重改善人民生活；财政收支平衡，市场稳定，人们生活有所改善。据统计，全国城乡居民消费水平1965年比1957年高出8.7%。

从1962年下半年到1965年，国民经济开始稳步增长，社会呈现欣欣向荣的景象。在此期间，国民经济接近并达到和超过新中国成立以来最高水平，人民物质生活普遍得到改善，基础科学研究和尖端武器的研制取得重大进展，一些重要的技术发明和创造处在当时国际领先水平。1964年年底举行的三届全国人大一次会议，向全国人民提出建设"四个现代化"的伟大目标，极大地激发了亿万人民建设社会主义国家的积极性。

● "吃穿用计划"的提出与改变

在最初拟定国民经济第三个五年计划时，党和国家领导人的共识是按照农业、轻工业、重工业的原则，把发展重点放在解决人民的吃穿用问题上。在三年继续调整的后期，受到国际冷战形势和周边战争局势骤然变化的影响，我国经济建设的战略重点发生了重大改变，由原来确定的"吃穿用"目标定位向战备和国防建设快速转变。虽然这一转变对1966年前的国民经济调整没有产生根本影响，但却对1966年开始的第三个五年计划和后来的国民经济建设产生了重大的影响。

1964年4月，国家计委拟定《第三个五年计划的初步设想（汇报提纲）》时，就明确提出"三五"计划的中心任务包括三大方面。第一，大力发展农业，基本上解决人民的吃穿用问题；第二，适当加强国防建设，努力突破尖端技术；第三，与支援农业和加强国防相适应，加强基础工业，继续提高产品质量，增加产品品种和产量。这个汇报提纲最大的特点就是改变了过去以优先发展重工业为中心来安排国民经济计划的指导思想，把大力发展农业，努力解决人民吃穿用问题作为发展国民经济的首要任务。所以当时大家把它简称为"吃穿用计划"。这是我党总结十多年经济建设经验，探索社会主义建设道路的一个重要的认识成果。

但与此同时，国际社会形势和周边关系变得更加动荡和复杂，苏联在北部威胁中国安全，美国加强对越南北部的入侵，我国周边形势日趋紧张和恶化。面对这种局势的变化，党中央和毛泽东逐步转变原有的以吃穿用为主导的工作思想，中央经济工作中的备战思想日益凸现出来。1964年5月至6月中央工作会议召开期间，毛泽东明确强调："三五"计划要考虑解决全国工业布局不平衡的问题，要搞一、二、三线的战略布局，加强三线建设，防备敌人的入侵。会议决定按照毛泽东的意见修改"三五"计划，把吃穿用和三线建设结合起来。1965年10月召开的中央工作会议，同意"三五"计划的基本方针为"以国防建设第一，加速三线建设，逐步改变工业布局"。于是，调整后的"吃穿用"与"三线建设"相结合的指导思想再度发生变化，以战备为中心加快三线建设的战略决策终于确立。

三、中央作出重大决策

● **中央工作会议与毛泽东的三线建设思想**

毛泽东的军事战略思想有独到之处，他重视有备无患，但不强调"御敌于国门之外"，而主张"诱敌深入，关起门来打狗"，建设三线后方工业基地正是他这种军事思想的体现。1960年代初中期，新中国四面受敌，处在敌对势力的战略包围之中，毛泽东等领导人不能不对可能会发生的战争有所准备。1964年夏季中央工作会议，毛泽东和党中央提出，先集中力量加强战略后方的建设，在中西部地区加强国防军工建设，形成战略纵深，从而做到有备无患，这就是三线建设战略的设想。

1964年5月至6月中央工作会议期间，毛泽东就明确提出：只要帝国主义存在，就有战争的危险。我们不是帝国主义的参谋长，不晓得它什么时候要打仗。在原子弹时期，没有后方不行。毛泽东同时提出：

要把全国划分为一、二、三线的战略布局,要下决心搞三线建设。在搞三线工业基地建设的同时,一、二线也要搞点军事工业。各省都要有军事工业,要自己造步枪、冲锋枪、轻重机枪、迫击炮、子弹、炸药。有了这些东西,就放心了。毛泽东的讲话,激起与会同志的强烈共鸣。

6月8日,在中央政治局常委和各中央局第一书记会议上,毛泽东又反复说:要搞第三线基地,大家都赞成,要搞快一些,但不要潦草。只有那么多钱呀,那些地方摊子要少铺,中央的摊子也要少一些,攀枝花铁路最好从两头修起。还有,以大区或省为单位搞点军事工业,准备游击战争有根据地,有了那个东西就放心了。对于各省的小三线,毛泽东也很重视,他说:我们沿海各省要搞手榴弹,讲了几年了,没有搞起来。打起仗来,不能等二、三线给你运,每个省都要有一、二、三线。

对战争的紧迫感使毛泽东十分焦急。他的心情越来越急迫,语气也越来越严肃。7月2日,在一次谈话中,毛泽东提出:北京、天津地区要搞三道防线,准备打仗。7月15日,他又谈道:沿海、沿边有些省要搞兵工厂,造轻武器,造子弹。平时学会制造,积累一些材料。新疆要逐步储备兵工材料。又会造,又有材料,需要时就可以造,武装起来,做到人自为战,做到有准备,就不怕。一有战争爆发,工厂就要搬家,疏散到山里去。

● **总参作战部的报告与毛泽东的批示**

毛泽东为何如此急迫呢?这还得从一份报告说起。从当时的实际情况来看,战争如果真的爆发,敌人很可能首先对我国的经济建设进行突然袭击,总参作战部曾就这个问题进行调查研究。1964年4月25日,总参作战部向中央递交了一份报告,报告认为我国在防备敌人万一发动进攻方面的确存在着问题,有些情况甚至相当严重,建议由国务院组织一个专案小组,根据国家经济的可能情况,研究采取一些切实可行的积极措施,以防备敌人的突然袭击。

这份报告所列举的内容与毛泽东的担心恰好吻合,所以深得毛泽东的重视。8月12日,他在这份报告上批示:"此件很好,要精心研究、逐步实施。"由此可以看出毛泽东对这件事的关心和急切心情。8月18日,李富春、薄一波、罗瑞卿联名向毛泽东和中共中央写了《关于国家经济建设如何防备敌人突然袭击的报告》,建议在国务院成立由李富春任组长，薄一波、罗瑞卿任副组长的专案小组，还提出一些具体措施。这份报告实际上已经对三线建设在大的方面进行了部署，提出了初步的实施意见。

● **中央书记处会议与毛泽东的讲话**

1964年8月中旬，中共中央书记处开会讨论三线建设问题。毛泽东在讲话中说：要准备帝国主义可能发动侵略战争。现在工厂都集中在大城市和沿海地区，不利于备战。工厂可以一分为二，要抢时间迁到内地去。各省都要搬家，都要建立自己的战略后方，不仅工业交通部门要搬家，而且学校、科学院、设计院、北京大学都要搬家。成昆、川黔、滇黔这三条铁路要抓紧修好，铁轨不够，可以拆其他线路的。

根据毛泽东的讲话精神，经过会议研究决定，现在要集中力量搞三线建设，在人力、物力、财力上给予保证。今后所有新建的项目都要摆在第三线，第一线能搬的项目要搬迁到第三线，短期不能见效的续建项目一律缩小建设规模。在不妨碍生产的前提下，有计划有步骤地调整第一线。这一决定标志着我国经济建设的指导思想全面转向以三线建设为中心这一过程的完成，也是大规模开展三线建设的动员令。由此，三线建设的战略决策最终形成。

● **苏联卫国战争带给毛泽东的思考与启示**

出于国防战备的考虑，毛泽东当时正在研究苏联卫国战争的经验。毛泽东曾经说，要好好研究斯大林的经验。斯大林一不准备工事，二不准备敌人进攻，三不搬家，这是教训。他认为，由于斯大林没有重视乌拉尔以东地区的工业基地的建设，致使在卫国战争初期，苏联惨遭巨大破坏和严重损失。即使如此，乌拉尔以东地区的工业基地仍然在战争中发挥了较大作用。联系到中国的实际情况，如果战争打起来，没有强大的后方工业基地怎么行？这种焦虑时时刻刻在毛泽东脑海中挥之不去。对战争爆发可能性的估计越大，这一焦虑就越明显。

促使毛泽东下决心进行战略调整的另一个因素，就是力图改变我国不合理的工业布局。由于历史的原因，我国工业的70%集中在东南沿海一带，而西南、西北内陆地区，工业基础十分薄弱。新中国成立初期，为了改变不合理的工业布局，我们在集中力量建设东北和沿海工业基地的同时，对内地建设也给予了较多的重视。1956年，毛泽东又感觉到对内地建设的过多关注势必影响沿海工业的巩固和发展，国家投资的重点又转向了见效快、效益高的沿海地区。到了1964年，战争气氛增加，这一方针又被重新考虑：一旦沿海工业被摧毁，我们的国民经济就会陷入瘫痪状态，而有限的内地工业根本难以为继。尤其是50年代新建的一些国防工厂，大部分分布在东北、华北一带，内地很少，这对我国的国家安全是相当不利的。

第二章

攀西裂谷筑钢城

其实早在中央作出三线建设的重大决策之前，攀枝花就因丰富的矿产资源进入中央决策层的视野。1958年3月，中共中央在成都金牛宾馆召开政治局扩大会议，史称成都会议。会议期间，时任地质部部长李四光向毛泽东主席汇报说，在四川金沙江畔发现了一个大型铁矿。毛泽东非常高兴，就询问具体在什么位置。李四光说，那里过去荒无人烟，因为长有几棵高大的攀枝花树，地质勘查队就把那里标注为"攀枝花"。毛泽东当即表示赞同，认为"攀枝花"是个好名字。由此，全国唯一一个以花命名的城市就这样在不知不觉中孕育了。当党中央作出三线建设的决策之后，攀枝花承载了共和国在西部建设大型钢铁基地的梦想。而后，毛泽东多次就开发建设攀枝花做过重要指示，他甚至为攀枝花钢铁基地的建设"睡不着觉"。攀枝花，这个曾经的不毛之地从此在毛泽东脑海里挥之不去，并迅速成为三线建设的重中之重，成为一座新兴工业城市。

一、七户人家一棵树

● "颛顼故里"的美丽传说

攀枝花位于四川西南部的金沙江畔，雅砻江在此汇入金沙江。这里是横断山脉的东南沿，山高水深，地势险峻，成为我国水能资源最丰富的地区，也造就了极其特殊和峻美的地理环境。

《史记》记载，早在原始社会末期，中华民族共同始祖"三皇五帝"之黄帝将其长子昌意"降居若水"。昌意率领他的队伍从遥远的黄河流域南下,开始了一次艰难而漫长的跋涉和悲壮迁徙,完成了中原文化与当地文化第一次大规模的交流与融合。据考证,昌意降居的"若水",正是现在西昌以南的雅砻江。黄帝去世后,"其孙昌意之子高阳立,是为帝颛顼也"。因此,"颛顼故里"的丰碑立在雅砻江畔,攀枝花荣登华夏先祖圣殿。

颛顼大帝

2100年前,汉武帝先后派遣司马相如、司马迁这两位著名的文学泰斗经略西南夷地区。司马相如元狩前赴,修驿站,斥边关,在安宁河架拱桥通笮都;司马迁元鼎继后,奉命西征巴蜀以南,设五郡,立县大笮。攀枝花,真正不立则已,一立千秋,二"司马"比肩邛笮,顿使攀枝花这个不毛之地蓬荜生辉。

蜀汉建兴三年,即公元225年,诸葛亮率领数十万大军南征,并亲自带领西路军经西昌、会理至金沙江的拉鲊渡口,留下著名的"五月渡泸,深入不毛"的千古名言,使攀枝花成为在中国历史上具有标注重大事件和重要历史节点的地理坐标。"蜀滇交会"的界碑立在金沙江畔,攀枝花坐北望南,川滇要津、四川南向门户的地位名正言顺。

但高耸的山脉、深切的峡谷、咆哮的江河、多变的气候,形成了一道道不可逾越的天险屏障,阻隔了这片土地不断发展的历史脚步。直到历史翻到了20世纪60年代这一页,世人才真正认识到她美丽的容颜。

所以,当全国各地的三线建设者汇聚到这块神奇的土地上时,满眼可及的是深山峡谷,荒草丛生,人烟稀少。据说,拓荒者们初入攀枝花,在金沙江畔安营扎寨时,只见几棵高大的攀枝花树,大树周围散落着几户人家,于是"七户人家一棵树"的故事成为人们口口相传的佳话。也有调查论证了另外一个版本,在金沙江老渡口人们经常渡江的地方有一棵攀枝花树,江北有四户人家,江南有三户人家,共七户人家。其实人们执着地探究这个故事,反映了人们一种文化寻根的情结,"七户人家一棵树"只是传说而已。

三线建设之光
——英雄攀枝花的三线情缘

● **费孝通眼中的"工业天府"**

人们总喜欢用攀西大裂谷来描述攀枝花独特的地理环境和资源禀赋。相传古时从四川邛崃贩运毛铁的马帮背夫经过攀西一带的群山时，不时感觉被驮的东西沉重了许多，迈步艰难，走出这个区域，忽然又轻松了起来，他们哪里知道他们经过的是一座座磁铁山！在地质学家眼中，大裂谷就是一幅雄奇险峻的山水长卷，更是一座琳琅满目的矿物陈列馆。攀西大裂谷是亚细亚大陆最古老的陆地之一。当岩石圈裂开时，岩浆上涌或浸漫地表，带出各种金属，形成金、银、铜、铁等内生矿产。随后地壳沿断裂处陷落，成为低洼谷地、湖泊或江河，沉积成煤、石油、盐碱等外生矿产。大约在6亿年前，扬子古陆从南半球的澳大利亚板块分离，向北漂移缓慢与北半球的古陆合拢。几大古陆板块拼合对接过程中，扬子古陆西缘部分逐渐与悄然隆起的古特斯洋板块（即后来的青藏古陆）拼接，并伴随着地球深部地幔炽热岩浆的上涌，同时与古陆基底岩层发生强烈的热结晶作用。一个地球上罕见的成矿地质带——攀西大裂谷就这样诞生了。

1964年9月，时任国务院副总理薄一波在攀枝花视察时说：攀枝花是我国的资源宝地之一，像这样矿产资源与水能资源共同丰富的地

攀西大裂谷

方，全国少有，是建设新型工业基础的理想地方。1965 年 11 月，邓小平在视察西南大三线建设现场时，称赞攀枝花"这里得天独厚"。1991 年 6 月，我国著名的社会学家费孝通先生，在耄耋之年来到攀枝花视察，盛赞攀枝花在西部大开发中的重要地位，是他在调研讲话中给攀枝花送上了"工业天府"的光环。

如今已闻名遐迩的攀西大裂谷，北起四川省冕宁县，南至云南省元谋县，南北长 300 余公里，东西宽 100 余公里，贯穿攀枝花市与西昌市，自然资源十分丰富，被誉为"金峡谷""聚宝盆"，其资源富集度居全国之冠。攀枝花已探明铁矿 71.8 亿吨，占四川省探明铁矿资源储量的 72.3%，是中国四大铁矿区之一；伴生钛资源储量占全国总量的 93%，居世界第一；伴生钒资源占全国总量的 63%，居世界第三；探明石墨资源储量居全国第三。此外，矿产资源还伴生有钴、铬、镓、钪、镍、铜等多种稀贵金属。非金属矿产中，现已探明的煤炭资源高达 10 亿吨。

● **揭开聚宝盆的神秘面纱**

如果说攀西大裂谷是一个聚宝盆，那是谁最早揭开她的神秘面纱？其实很早以前的历史典籍里面就记载，攀枝花及周边地区冶炼行业盛行，炼铁的小土炉比比皆是，但能否从民间的土炉炼铁发展到现代化的钢铁生产还需要科学探明与论证。

早在 19 世纪末 20 世纪初，随着中国的大门被西方列强砸开，西方国家地质工作者就曾对攀西地区的矿产资源进行过零星的勘探。民国时期国内一批地质工作者曾多次到攀西地区开展矿产勘探。汤克成、常隆庆、刘之祥、程裕淇等地质工作者和地质学家，他们不辞艰险，跋山涉水，先后来到攀枝花进行地质调查，反复实地勘查验证，撰写科学调查报告，证实攀枝花地区有丰富的磁铁矿和煤矿。1937 年 9 月，常隆庆所著《宁属七县地质矿产》首次出版，1939 年 12 月，他又公布了《云南永仁那拉箐煤田报告》。常隆庆为攀枝花地区的地质研究奠定了基础，他也成为发现攀枝花这个聚宝盆的最大功臣。

刘之祥（左）、常隆庆（右）考察途中

1940年6月，地质学家汤克成受国民政府经济部资源委员会川康铜业管理处之命，赶赴盐边乌拉调查煤矿，他返回会理途经攀枝花时发现了山间的露头铁粒，凭着职业敏感，他与助手立刻着手踏勘和绘图，很快发表了《西康省盐边县攀枝花及倒马坎铁矿区地质报告》。这是第一次对攀枝花钒钛磁铁矿进行较为系统准确的勘察和报告，攀枝花大型铁矿终于开始露出真容。同年8月，西昌行辕地质专员常隆庆、国立西康技艺专科学校采矿系教授刘之祥结伴到滇康边区进行地质矿产勘探。他们重点对攀枝花铁矿露头进行了勘测，认定其为火成铁矿石，并作出了初步储量估算。此后，一批地质工作者相继来到攀枝花。1943年8月，武汉大学地质系教授陈正、薛承凤首次认定和揭示攀枝花地区埋藏着丰富的钒钛磁铁矿。一时间，攀枝花大型铁矿声名远播，很多实业家和地质专家呼吁国民政府尽早开发。那时正是抗日战争最为艰难的时候，国民政府根本没有开发攀枝花铁矿的能力和条件。

新中国成立后，国家百废待兴，为了加快工业发展，中央把钢铁工业建设放在首位，并在全国范围内开展地质大普查。攀枝花作为已有前期勘查基础的地区被纳入重点普查范围。1954年6月，南京大学地质系徐克勤教授受西南地质局邀请，带领学生到攀枝花进行普查找矿实习，他们估计攀枝花铁矿储量超过1亿吨。此后，地质部批准攀枝花地区重点普查计划，同时调集西南地区几乎所有的探矿力量，对这一地区开展针对性重点勘测普查。这次努力取得了重大成就，探明攀枝花铁矿为一斜长带状分布矿床，长19公里，宽2公里，C2级储量10亿吨，其中铁矿石储量7亿多吨，二氧化碳和五氧化二钒的储量分别为800万吨和200万吨，周围远景储量更是达到50亿吨，是一个具有综合利用潜力的巨型铁矿。

攀枝花铁矿终于完全揭开了她的神秘面纱，也很快被中央纳入了开发计划。

二、决策开发攀枝花

● "上马"与"下马"

其实早在"一五"计划末期中央就已经决策立项开发攀枝花了。新中国搞工业化建设最大的短板就是缺乏钢铁工业，特别是在中国的西部地区还没有一个大型钢铁基地。像攀枝花这样具备建设钢铁厂所有条件且有前期勘探基础的地方，在广大西部地区是极为罕见的。1958年的成都会议上，毛泽东批准了建设攀枝花钢铁基地的设想方案。随后，冶金部向中央提交报告，希望在第二个五年计划时期加快建设攀枝花钢铁基地，得到毛泽东的同意。1958年下半年，全国调集8万人到攀枝花地区，主要开展地质勘测、铁路修建、冶炼技术研究等工作，攀枝花建设正式"上马"。伴随"大跃进"和三年严重的自然灾害，国民经济遇到了前所未有的困难，诸多重大项目无以为继。1961年前后一大批在建的基本项目被迫"下马"，包括攀枝花钢铁基地和成昆铁路两个重大项目。

攀枝花钢铁基地建设无论是"上马"还是"下马"，都源于当时中国经济发展的特殊需要。1964年重启该建设项目，在总结前期建设的经验教训时，李富春认为，在当时条件下大多数项目下马是对的，但突出的有两件事下得不对，一是成昆铁路沙木拉打隧道工程，二是攀枝花铁矿铁、钒、钛分离试验研究工作。毛泽东对"大跃进"时期攀枝花建设仓促上马、下马也有所反思，他认为是"糊里糊涂地上，糊里糊涂地下，没有个战略思想"。不过很快，攀枝花将迎来又一次更大规模的建设。

● "攀枝花搞不起来，睡不着觉"

为了应对周边日趋紧张的局势，毛泽东再次把他的目光投向了大西南深处。1964年5月10日，毛泽东在同国家计委领导谈话时说："酒泉和攀枝花钢铁厂还是要搞，不搞我总不放心，打起仗来怎么办？"他特别强调应该在四川攀枝花建立钢铁基地。毛泽东甚至还说："如果大家不同意，我就去成都、西昌开会。西昌通不通汽车？不通，我就骑毛驴下西昌。搞攀枝花没有钱，就把我的工资拿出来。"

经过讨论，中央决定把毛泽东加强三线基础工业的意见和原定解决吃穿用问题结合起来。周恩来指出：现在要把攀枝花作为一个中心，其他很多相应的东西都要搞起来。不单是一个攀枝花的问题，要通过攀枝花把云、贵、川联系起来。不单是一条铁路、一个煤矿、一个铁矿，有色金属、电力、水利、机械工程和轻工业都要做相应的安排。刘少奇强调，第一是攀枝花，其他各方面少搞，重点搞攀枝花。邓小平也强调要打好攀枝花这个歼灭战。

此后，毛泽东多次在会议上提到，要加快三线基地建设。6月6日，他在中央工作会议上明确提出了三线建设的主张：三线建设的开展，首先要把攀枝花钢铁工业基地以及与此相联系的交通、煤、电建设起来。建设要快，但不要潦草。"攀枝花搞不起来，睡不着觉。"6月8日，毛泽东又反复说：要搞第三线基地，大家都赞成，要搞快一些，但不要潦草。只有那么多钱呀，那些地方摊子要少铺，中央的摊子也要少一些，攀枝花铁路最好从两头修起。7月15日，他又谈道：攀枝花、酒泉两个钢铁基地没有落实。这两个基地一定要落实，如果材料不够，其他铁路不修，集中修一条成昆路，必要时也可以将内昆路的铁轨拆掉修成昆路。

毛泽东的讲话激起了中央其他领导的强烈共鸣。大家一致认为，应该在加强农业生产、解决人民吃穿用的同时,迅速展开三线建设,加强战备,攀枝花是"重中之重"。

为了加快推进西部三线建设,落实毛泽东的三线建设思想,中央工作会议以后,国家计委、冶金部、地质部、铁道部等相关部门立即行动起来,研究如何开发利用攀枝花、西昌等地区丰富的矿产,力争建设一个大型钢铁联合企业,同时修通成昆铁路线。在周恩来的指示下,国家计委随即成立80多人的工作组,由程子华、王光伟两位副主任带队前往西南进行调研。经过两个多月的调查研究,工作组基本摸清了攀西地区的资源、交通、水源情况以及配套建设冶金、煤炭、电力、矿山工厂的条件,初步拟定了西南三线整体规划和重点项目。邓小平代表中央书记处确定了攀枝花钢铁基地、六盘水煤炭基地、成昆铁路三大项目配套建设的总体规划。

建设者奔赴攀枝花

● "钉子就钉在攀枝花"

西南地区三线建设的第一个重点是钢铁基地,但在选址上有两种不同的意见。工作组经过调查,从18个备选方案中选了3个:乐山的九里、西昌的牛郎坝和攀枝花的弄弄坪。工作组把攀枝花的弄弄坪作为首选,但西南局和四川省有不同的意见。攀枝花位于川滇交界、金沙江与雅砻江汇合处，矿产资源、水源和木材资源丰富，距离即将开工建设的成昆铁路、贵州六盘水煤炭基地比较近，又不占用农田。缺点是这里山高沟深，交通不便，人烟稀少，农业落后。乐山的九里地势平坦，离工业城市近，但远离钢铁生产所需要的资源。西昌的牛郎坝地形开阔，但占用农田较多，且历史上发生过强烈地震，地质构造不安全。工作组向李富春、薄一波和周恩来汇报后，他们都倾向于把钢铁厂放在攀枝花的弄弄坪，并请毛泽东来定夺。

三线建设初期的攀钢基地

1964年8月24日，李富春、薄一波向毛泽东提交了关于建设攀枝花钢铁基地的报告。报告介绍了攀枝花作为钢铁基地的地理位置优势、矿产资源规模和开发前景以及特殊的水源条件。报告还对攀枝花铁矿冶炼技术的科学试验以及下一步的研究方向进行了介绍。同时，根据靠山、分散、隐蔽的原则，建议适当确定钢铁厂的规模和布局，并提出在第三个五年计划期间开始建设攀枝花钢铁厂。还提出要积极为农业生产发展创造条件，争取三到四年有一个较大发展，为钢铁基地建设提供生活保障。报告还提到，攀枝花地区人少，劳动力少，发展工业和农业都要从外地调入劳动力，因此必须在这里广泛地实行固定工和义务工两种劳动制度。报告特别提出，统筹安排西南地区钢铁工业及其他工业建设，对各种工业进行综合规划，建议将来建立西南基础建设总指挥部。报告最后建议，为了加强基础建设的领导，西南三省都应设立基础建设委员会。

毛泽东听了汇报后认为，乐山和西昌都不适合建厂，"钉子就钉在攀枝花，决定把钢铁厂放在攀枝花"。为了落实毛泽东的这一决定，李富春、薄一波等马不停蹄，风尘仆仆地奔赴西南地区，考察和制订三线建设的总体规划。他们在昆明召开了西南局、云贵川三省和中央有关部委会议，传达毛泽东关于钢铁厂选址攀枝花的指示，初步议定攀枝花钢铁基地第一期工程的规模为年产铁矿石 1 350 万吨，生铁 160 万吨至 170 万吨，钢 150 万吨，钢材 110 万吨。

● "此件很好"

在确定了开发攀枝花铁矿后，又出现一个新问题，那就是由于大三线建设同时展开，攀枝花铁矿和鄂西铁矿谁先谁后又引起了争议。李富春和罗瑞卿都向中央作出了请示。周恩来批示：开发攀枝花的战略方针早定，错在推迟了战略部署，现在西南三线第一个战役已经开始，不应再有动摇。毛泽东批示：同意总理意见。1965 年 3 月 4 日，毛泽东在冶金工业部部长吕东、攀枝花工业基地建设指挥部总指挥徐驰报送的关于攀枝花开发建设的报告上批示："此件很好。"毛泽东批示这个报告，把攀枝花建设推向了高潮。由此，3 月 4 日成为攀枝花建市纪念日。

报告提出了建设攀枝花的七项措施：一是攀枝花建设指挥部的干部班子从冶金部和其他部门调集。二是钢铁企业建设所需要的大型设备由西部成立联合设计工作组共同进行设计，需要由国外进口的样机，须提前报送外贸部门。三是组织冶金、水电、煤炭、交通、建工等有关部门去攀枝花进行现场设计施工。四是初步考虑攀枝花钢铁厂的建设由第一冶金建设公司（原武汉冶金建设公司）负责。五是攀枝花钒钛磁铁矿的分离已经成功，还需继续试验。六是需要向国外进口设备。七是施工设备及施工维修设备要及时进入现场，这是攀枝花钢铁企业能否提前建成的关键。报告最后说，如果工作进展顺利，设备及时到位，攀枝花钢铁联合企业的建设进度可以提前 1 年到 2 年的时间，1969 年第一座高炉投产也是可能的。

1965 年 11 月 30 日至 12 月 2 日，为了进一步了解西南三线建设情况，考察攀枝花钢铁基地的建设情况，时任党中央书记处总书记、国务院副总理邓小平受中央委托，带领国家科委、建委和有关部门的一把手来到攀枝花视察。邓小平听取了攀西地区的地质情况汇报，盛赞攀枝花"得天独厚"。邓小平这次视察不仅审定了攀枝花钢铁基地的建设方案，下放了设计审批权限，还解决了建设中遇到的运输问题和建设钢材的供应、储备问题等重大问题。12月7日，邓小平在昆明主持召开三线建设会议，会议决定加快攀枝花钢铁基地的建设，集中力量开发攀枝花铁矿，1970年要达到年产1350万吨铁矿石的建设规模。会议还讨论了西南地区钢铁、铁矿、煤炭和电力的开发布局、投资、选址和计划指标等问题。至此，党中央开发攀枝花的重大决策基本完成。

三、艰苦创业大会战

● 三块石头架口锅，帐篷搭在山窝窝

自1964年5月中央发出开发建设攀枝花的指示以后，几十万建设大军响应党的号召，从祖国各地风尘仆仆汇聚攀枝花。建设者们打破了当地的千古沉寂，上演了一出气壮山河、战天斗地的活剧。富甲天下的大裂谷与亘古的荒蛮相伴相生。彼时的攀枝花交通闭塞，遍地荒芜，人迹罕至，气候干燥酷热，一年只有旱、雨两季，旱季长达半年以上。夏天室外温度可达50摄氏度以上，热浪滚滚，杂草蔓延，让人无可遁逃。没有水，没有电，没有路，没有住房，更没有任何现代化建设装备，刚刚踏入攀枝花的拓荒者们面临的困难可想而知。

本着"先生产后生活"的建设指导方针，先期来到攀枝花的建设者们凭借着坚强的毅力和艰苦创业的伟大精神，拉开了建设攀枝花的序幕。"三块石头架口锅，帐篷搭在山窝窝""天当罗帐地当床，金沙江就是大澡堂"，这是对当年建设者们生活情景的真实写照。建设者们日夜奔波于攀枝花的荒山野岭，规划交通线路，设计水厂电厂，搬运建设物资。他们喝的是泥江水，啃的是咸腌菜，睡的是土帐篷。就在这种极其恶劣的生活环境下，建设者们仍然豪情万丈，斗志昂扬，逢山开路，遇水架桥，真正发挥了先遣者的先锋模范作用。英雄的攀枝花建设者只用了一年多时间，就完成了需要两到三年才能完成的建设前期准备，建设工地基本实现了通路、通水、通电，解决了临时住房问题，并开始进行主体厂矿的建设。

三线建设者进入攀枝花

三线建设初期人拉肩扛运送设备

1966年初,在初步解决了攀枝花"三通一住"问题,完成了建设者的队伍集结、安营扎寨之后,"主攻两矿,确保两厂,狠抓运输"成为他们更重要的任务。"两矿"指的是铁矿和煤矿。主攻铁矿,就是大打矿山之仗,抢建采矿选矿主体工程,集中力量建设兰尖铁矿和选矿厂,在狮子山成功实现了3万吨级大爆破。主攻煤矿,就是按照夺煤保电、夺煤保铁、夺煤保钢的顺序，依次打三个歼灭战。先后建成设计生产能力每年15万吨的小宝鼎煤矿和36万吨的沿江煤矿，保证了渡口电厂用煤需求。建成设计生产能力75万吨的太平煤矿、21万吨的龙洞煤矿和60万吨的花山煤矿，保证了攀枝花炼铁所需要的主焦煤和气肥煤。同时建成设计能力为180万吨的巴关河洗煤厂，提供炼焦精煤。在"夺煤保钢"关键时期，建成设计能力90万吨的大宝鼎煤矿。

在"主攻两矿"的同时，"确保两厂"也拉开了战幕，在这期间重点扩建了渡口五○一电厂，新建了河门口五○二电厂。至此，攀枝花电网初具规模，确保了攀枝花建设的用电。在加快电厂建设的同时，指挥部还投入人力物力，修建了水泥厂。建设者们仅用十个月时间便高速度高质量地完成了设计生产能力24万吨的渡口水泥厂主体工程，创造了当时同类工程施工的全国最快纪录，确保了攀枝花钢铁基地初期建设和成昆铁路建设的需要。

建设者们战天斗地，艰苦卓绝，不怕牺牲，排除万难，涌现出了当年闻名遐迩的"六金花""八闯将"，他们就是这个英雄群体的杰出代表。

● **"不想爹，不想妈，不出铁，不回家"**

钢铁基地大会战的第二战役，是攻坚克难建设好攀钢主体工程。此时，"文化大革命"全面爆发，攀枝花的建设也受到严重影响。面对严峻的形势和紧迫的建设任务，攀枝花建设者们没有丝毫犹豫和退却，提出"全力以赴，确保七一出铁"的口号，打响了攀枝花建设史上规模最大也是最为壮观的以夺铁为目标的歼灭战。"不想爹，不想妈，不出铁，不回家"是攀枝花建设者们共同的心声和誓言。从指挥部领导到一线工人，攀枝花建设者们以忘我的精神投身到夺铁会战中去。广大干部、工程技术人员同工人一起吃住在现场，不顾疲劳，连续奋战，为了"七一出铁"，放弃休假，推迟婚期，甚至身患重病也不肯休息。

广大建设者齐心协力，顽强拼搏，艰苦奋斗，1970年7月1日攀枝花钢铁基地第一炉铁水出炉，为党的生日献上了一份珍贵的礼物。攀枝花的创业者们经过5年艰苦卓绝的奋斗，终于战胜了常人难以想象的各种困难，实现了在中国西南腹地攀枝花建设大型钢铁工业基地的梦想，创造出了世界奇迹。当年国庆节攀枝花炼出第一炉钢，四年之后又轧钢成功。从此，攀枝花结束了只出铁块、钢锭的历史，真正成为中国大型钢铁工业基地。

建设中的攀枝花钢铁厂

攀枝花钢铁基地第一期建设从 1964 年开始，10 年后全部投产，其间一度受"文化大革命"的冲击和干扰，中断建设近 3 年的时间，实际只用了 6 年多的时间，这是我国工业建设史上的一个奇迹。攀枝花钢铁基地是我国完全自主设计的典范，整个设计布局适应了山区的特点，充分利用山川地势和自然空间布局，在约 2.5 公里长、1 公里宽、高差达 80 米的深山陡坡上，设计摆放年产 150 万吨的钢铁厂，被国内外冶金专家誉为"象牙微雕钢城"，成为中国乃至世界冶金建设史上的奇迹。

● "一定要把墓碑立在铁路沿线最显眼的地方"

1964 年 8 月，毛泽东主席发出了"成昆铁路要快修"的号召。三线建设决策作出后，党中央决定加快西南地区铁路建设，打通云、贵、川西南三省，把攀枝花钢铁基地、六盘水煤炭基地和重庆军工基地联系起来，重中之重是修筑成昆铁路。西南地区属于典型山区，崇山峻岭，山河交汇，沟壑纵横，地势险恶。成昆铁路沿线因地形险峻、地质条件复杂被称为"地质博物馆"，诸多国外专家曾断言这里是"修建铁路的禁区"。面对如此恶劣的地质条件,以铁道兵五个师为主力的30多万建设者们没有丝毫的怯意。1964年9月,参加西南铁路大会战的队伍迅速云集西南地区的崇山峻岭之中,声势浩大的成昆铁路大会战迅速展开。

成昆铁路北起成都,南至昆明,从海拔几百米的成都平原向西南跨越横断山脉,蜿蜒迂回直达海拔近2 000米的云贵高原。建设施工采用了7处盘山展线,线路13次跨牛日河,8次跨安宁河,49次跨龙川江,以此克服巨大的地形高差难题,绕避重大不良地质地段。为了通过山体障碍,全线开凿隧道430座,桥梁近1 000座,桥梁和隧道加起来总共440公里,占了全线总长的40%。成昆铁路上建有许多超长单跨钢桥、空腹石拱桥和横穿地下大暗河的长大隧道,建有许多空中车站、洞中车站、空心桥墩、板凳式桥墩,还有抗震能摇摆的柔性桥墩。

盘山展线三叠交叉的"楼上楼"奇观

成昆铁路穿越地质大断裂带,设计难度之大,工程之艰巨,均属前所未有。成昆铁路的修筑,为人类在险峻复杂的地理环境中建设高标准的铁路创造了成功的范例。1984年,象征人类征服大自然的三件礼物荣获联合国特别奖。这三件礼物分别是中国的成昆铁路象牙微雕艺术品,美国的"阿波罗"号宇宙飞船带回来的月球岩石,苏联第一颗人造卫星的模型。成昆铁路象牙微雕艺术品是中国政府赠送给联合国的一件精美礼品，它艺术地表现了中华民族征服大自然的伟大壮举，排在了三项特别奖的首位。

据不完全统计，为修建成昆铁路，平均铺设每一千米铁轨就有两三名建设者为之牺牲。1966年3月，时任西南三线建设委员会副主任的彭德怀元帅视察成昆铁路建设情况，他乘坐汽车从成都出发，沿途视察成昆铁路的各大工地，这位统领过千军万马的老帅，被铁道兵战士排除万难、不怕牺牲的精神感动到潸然泪下，站在泥石垒成的坟堆前，他动情地说："一定要把墓碑立在铁路沿线最显眼的地方。"

经过筑路大军艰苦卓绝的努力，成昆铁路终于在1970年7月1日全线通车，与攀钢出铁一起向党的生日献礼。成昆铁路的修建，对于改善西南地区的交通状况，形成机动灵活的战略纵深，开发西南地区的战略资源，促进西南地区特别是少数民族地区的经济发展和民族团结，都有着极其重大的意义。在当时的国际形势下，甚至被提升至关系到整个中华民族生死存亡的高度。成昆铁路自建成通车以来，经受了大自然严峻的考验，至今畅通无阻，发挥了巨大的作用。

第三章

金沙江畔现明珠

从西北人迹罕至的荒原沙漠,到西南交通闭塞的深山僻谷,三线建设"集中力量办大事"的大会战的动人事迹随处可见,不胜枚举。三线建设是中国工业化道路上一个特殊的标本,建设的重点地区是西南,大头又在四川。所谓"两基一线"的工业布局,乃是四川三线建设的重点。

攀钢是三线建设钢铁工业标本,填补了我国工业布局上的空白,在中国冶金钢铁工业史上具有不可替代的地位;成昆铁路建成后,与贵昆、川黔、成渝铁路相连,构成了西南环状铁路网,对于振兴西南地区经济,巩固西南国防,建立机动灵活的战略大后方,都起到了重要的作用;而以资源为依托形成的新兴工业城市攀枝花,通过带动内地资源的开发,促进了地方经济的发展,成为区域经济增长的要素聚集点和辐射源。

攀枝花的建设和发展,既是中国工业和城市建设的缩影,也是让中国梦成真的一种有益的实践探索,为日后全国的工业现代化做出了重要贡献。

一、一个大型钢铁企业

在祖国的西南边陲,奔腾的金沙江畔,一个现代化的钢城——攀枝花钢铁公司巍然屹立。它以在中国钢铁工业中具有的独特地位、独特优势,被誉为"金沙江畔的明珠"。在寂静而荒芜的攀西大裂谷,攀钢因国家大三线战略而生,成为裂谷中升起的一颗新星,这是一片承载中国共产党人三线建设初心的热土,"呆矿变精品"的伟大传奇在攀枝花启幕。

20世纪60年代，国际形势极其复杂。党中央为改变我国钢铁工业布局、开发攀西资源、建设大三线做出重大战略决策——建设攀钢，由毛泽东亲自决策，周恩来亲自指挥，邓小平亲自选址。它于1964年开始规划建设，同年9月，毛泽东明确指示，建不建攀枝花，不是钢铁厂的问题，而是战略问题，并专门委托周恩来主管攀枝花钢铁基地的建设。1964年12月26日，攀钢的前身——东风钢铁公司成立。1965年是攀钢建设史上任务最繁重的一年，邓小平亲临西南三线现场视察如今的攀钢所在地，亲自踏勘攀钢厂址。1970年7月1日，攀钢一号高炉炼出第一炉铁水。1971年10月1日，中国最大的120吨级转炉建成，顺利投产，炼出第一炉钢。攀钢一期工程的建成投产，结束了我国西部没有大型钢铁企业的历史。1987年5月28日这一天，攀钢二期工程建设向国际银团贷款2.1亿美元协议签字仪式隆重举行。攀钢的二期工程建设由此迈出了新的步伐，实现了从"钢坯公司"到"钢材公司"的战略性转变，后又大力推进技术进步，抓紧实现"转轨变型"，使攀钢由一个单一钢铁厂逐步发展成为跨区域、跨行业的大型钢铁钒钛企业集团，改变了我国"北多南少、东重西寡"的不合理的钢铁工业布局，为西南地区经济发展提供了有力保障，不断的创新发展使攀钢实现了诸多从"无"到"有"的突破。而攀钢也见证了新中国冶金钢铁工业的发展，在中国冶金钢铁工业发展历程中具有不可替代、举足轻重的地位。

攀枝花首次出铁纪念铁锭

攀钢筹建于20世纪60年代国民经济调整时期，建设于"史无前例"的十年动乱之际。可以说，攀钢"生不逢时"。纵观世界大型钢铁

三线建设之光
——英雄攀枝花的三线情缘

联合企业的建设，无不具备两个基本要素，一是以大城市为依托，二是交通发达。然而诞生于三线建设时期的攀钢，是我国完全依靠自己的力量建设的新中国第一家特大型钢铁联合企业。攀钢建设没有城市依托，而是依靠企业发展城市，依靠改革开放和科技创新，成为我国第一家向国际银团融资搞建设的企业，也是我国第一批拥有上市公司的企业，更是新时期国有企业深化供给侧结构性改革、化解过剩产能、人力资源优化改革的先锋与典范。为了建设攀钢，邓小平、彭真、彭德怀、贺龙、李富春、薄一波等党和国家、军队的重要领导人，都在筹建初期亲自到攀枝花视察，踏勘现场。西南建委和有关负责同志亲自带领各方面的专家，走访攀西地区的18个据点，实地考察，努力寻求最佳的建厂方案；为了建设攀钢，在1964年大规模的准备工作一开始，党中央就决定成立渡口特区，设特区党委和总指挥部，统一指挥当时由中央10个部和四川、云南两个省在渡口组成的建设队伍，打破了部门之间、地区之间的界限，为整个建设工程顺利开展提供了组织保证；为了建设攀钢，在不通火车的条件下，北京、辽宁、安徽、山东、河南5个省市组织了一支拥有1 500辆卡车的运输车队，把建厂需要的数万吨各种大型器材和设备，通过狭窄、弯急、陡峭的土公路一车一车地运到了攀枝花；为了建设攀钢，来自祖国四面八方的建设者们，凭着水壶、毛巾、草帽这"三件宝"，头顶烈日，脚踏荒原，常年转战于深山峡谷之间，硬是在攀枝花站住了脚跟。攀钢能有今天，全国人民都出了力，国家坚持"全国一盘棋、集中优势力量进行重点项目建设"的指导原则，向攀枝花钢铁基地建设项目配置了大量的人力、财力、物力，形成了以国家调集人力、物力、财力集中开发的"集中力量办大事"的大会战方式，建成了一个新型的以冶金工业为主的工业基地。应该说，攀钢的建成，也是发挥社会主义"集中力量办大事"的制度优越性的成功典范。

攀钢的历史，就是一部与时俱进、开拓创新的改革发展史。在半个多世纪的奋斗中，这里留下了一系列工业遗产。攀钢是中国大三线建设的历史物证，是新中国钢铁工业建设的杰出代表，是我国保存较为完整的工业遗产群。攀钢的成功充分展示了社会主义的制度优势。

现代化的攀钢

二、一条西南经济大动脉

1964年秋，轰轰烈烈的三线建设拉开帷幕，打通西南经济命脉的成昆铁路首先被提上议事日程。毛泽东发出了"成昆铁路要快修"的号召，周恩来在关于铁道兵工作的一份报告上批示：修建成昆路，朱委员长提议，主席同意，使用铁道兵修。于是，中央军委决定调遣铁道兵5个师，扩编到18万人，参加成昆铁路大会战。随后，由大批部队官兵及民工组成的30万人的筑路队伍迅速集结，施工全面展开。一时间，原先人迹罕至的深山峡谷帐篷点点，原先令人望而却步的悬崖峭壁上炮声隆隆，硝烟弥漫。

作为西南经济的主动脉，成昆铁路全长1 090.9公里，北起四川成都，从海拔500米左右的川西平原，傍峨眉山麓南下，逆汹涌的大渡河转牛日河而上，攀越崎岖连绵的大小凉山，通过海拔2 300米左右的岷江与雅砻江的分水岭，再经过西昌沿奔流湍急的孙水河、安宁河、雅砻江，下至海拔1 000米左右的金沙江河谷，连接攀枝花，溯龙川江上至海拔1 900米左右的滇中高原，南止于云南昆明，纵向贯穿了四川西南部和滇北地区。它1958年7月开工修建，中间几经曲折，于1970年7月1日正式通车。从此，成昆铁路像一条钢铁长虹，蜿蜒在祖国西南的万水千山之中。它盘山绕水，穿云过雾，为中国西南地区的物资运输、经济交流发展，贡献了巨大的力量。

成昆铁路建成通车

成昆铁路行经四川盆地、横断山脉、云贵高原三大地质构造单元，地质条件极为复杂。铁路沿线不仅地势险峻，谷深坡陡，河流峡谷两岸分布着数百米高的陡岩峭壁，而且由于历次地质构造运动的影响，山体断裂发育，裂谷横生，岩层结构面变化无常。全线有500多公里位于地震烈度7至9度地区，其中通过8度和9度地震区的长度有200公里。在成昆铁路施工过程中，最艰巨的任务是在地质复杂的崇山峻岭中开凿出近345公里的隧道。在施工中，常常存在着山坡崩坍、落石、滑坡、烟状粉末和碎石四处弹射等各种不良物理地质现象，有的洞内出现高温、有害气体或瓦斯爆炸；有的隧道通过软岩、溶洞、暗河、基础悬空等病害地段，影响隧洞路基强度。此外，铁路沿线气候差异显著，变化大，线路走向虽经反复优化，绕避重大不良地质地段，但受条件限制，沿线病害隐患仍层出不穷。为保证列车安全通过，须不断整治滑坡、崩塌、泥石流、落石等现象，解决工程量大、技术处理复杂等困难。在这样的地理环境下修建现代化的成昆铁路，必然桥隧密集，工程艰巨。

作为修建成昆铁路的主力,中铁二局人在修筑过程中没有蛮干,而是从一开始就采用新技术、新设备、新工艺、新结构、新材料和新的施工方法。在筑路过程中,广大的勘测、设计人员,坚持实事求是的科学态度,继承艰苦奋斗的光荣传统,发扬开拓创新的革命精神,团结奋斗,排除万难,高质量地完成了勘测、设计任务。他们为了选好线路踏遍山川河谷,做了近 1 500 平方公里的地质测绘、21 万多米的地质钻探,挖探 13 000 米,物探 500 多处,各种室内外工程地质试验 1 万多组,经过 11 000 多公里的比较线路勘测、大小 300 多个方案的比较才最后选定线路。为了跨越地形障碍,在成昆铁路全线建有桥梁 991 座,开凿隧道 427 座。穿越全线最高点小相岭的沙木拉达隧道全长 6 379 米,这是当时全国最长的隧道。而"出洞上桥,下桥进洞"则成了走成昆线最直观的感受。火车跑在成昆线上,一路就是在不停地上坡、下坡,因此被人们形象地称为"坐过山车"。由于成昆铁路修建工程难度非常大,加之当时的施工条件限制,大量施工人员牺牲在工地,他们创造出功垂千秋的业绩,谱写出新中国筑路史上的壮烈诗篇,成昆铁路建设如同一场战争,牺牲的烈士们永远值得我们缅怀。今天火车行驶在成昆铁路上,乘客不时能看到窗外有成片整齐的水泥墓碑一闪而过,几乎所有的烈士陵园都建在山顶或者江边的开阔地带。有人说,这样做是让烈士们能永远看到这条自己用生命铸就的"钢铁长龙"。

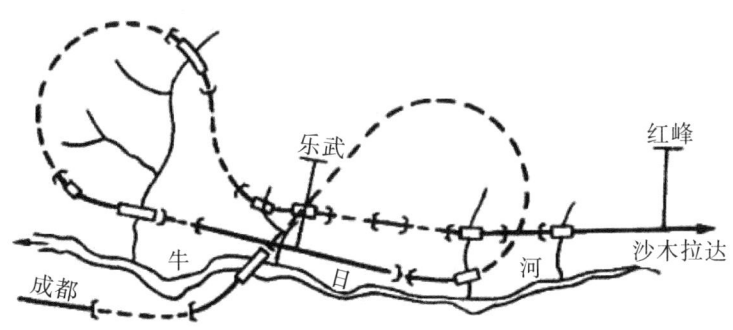

成昆铁路沙木拉打北口展线示意图

虽然成昆铁路是作为三线建设的重点工程而诞生的,但实际上,它所起到的作用远远超出了国防和战备需要。成昆铁路与贵昆、川黔、成渝铁路相连，构成了西南环状铁路网，彻底改变了新中国成立前西南几乎没有像样铁路的历史，改善了西南地区的交通状况，配合了攀枝花钢铁工业基地的建设，促进了西南地区经济的发展。成昆铁路对于攀枝花的建设、发展，对于振兴西南地区经济、巩固西南国防，起到了举足轻重的作用，可以说没有成昆铁路，就没有攀枝花的今天和未来。

成昆铁路是国家总体战略工程，它创造了中国乃至世界铁路建设史上的一个神话。成昆铁路的成功修筑，突破了建设铁路的地质禁区，使我国的铁路修建技术达到了世界先进水平，为人类在险峻复杂的地理环境中建设高标准的铁路创造了典范。无数筑路者坚苦卓绝的努力，谱写出新中国筑路史上的壮丽诗篇，无论岁月如何流逝，这部英雄史诗都将被后来人永远传颂下去！

三、一座新兴工业之城

攀枝花，因矿而生，因三线建设而兴。它犹如我国西南大地上一颗耀眼的明珠。成立于 1965 年的攀枝花是新中国第一批采用特区体制建设的城市，它探索了在中国西部贫困落后的少数民族地区建设具有中国特色的大型工业基地的路子，在我国工业化的道路上创造了一个奇迹。

攀西地区资源高度富集，这里蕴藏着极为丰富的矿产资源和水力资源。攀西地区的钒、钛储量分别占全国总量的 63% 和 93%，集中分布在市内的红格、白马、攀枝花等矿区，这里是中国三大共生矿矿区之一。此外，还有 20 余种共生矿，包括金、银、锡、铜、铅、锌等多种矿物资源。建设大型冶金联合企业必须有丰富的非金属矿藏和其他冶金辅助原料，攀西地区在这方面也是得天独厚。在非金属矿藏中，除有大量的煤炭资源外，还有晶质石墨矿和以"中华绿"为代表的花岗石及宝玉石、砚石，储量十分可观，这些资源分布相对集中，组合配套、采选条件好。同时，钢铁企业特别是有色金属冶炼企业，要耗用大量的电力，而攀西地区的水力资源也极为丰富。攀枝花是长江上游金沙江水系河川汇集地，年均径流量和过境径流量共达 1 144.2 亿立方米，为工农业生产和城市生活用水提供了极为丰沛的水资源。由于河谷深切，高低悬殊，形成巨大的水能资源，且梯度开发条件好，动能指标优越，淹没搬迁损失小，市区五十公里半径内，可供建设特大型水电站的坝址 4

处，装机容量可达690万千瓦。二滩水电站的建成，不仅满足了攀枝花市大型冶金企业的电力需要，同时还为四川乃至西南地区缓解电力紧张局面提供了帮助。

三线建设初期的住房

凭借富饶的矿产资源、得天独厚的自然地理条件，特别是三线建设者的不懈奋斗，攀枝花的地方工业经历了由无到有、由小到大、由少及多的发展历程。攀枝花在工业建设历程中，发展速度是极为迅速的。以攀钢为例，从出铁到成材，只用了四年时间，在深山峡谷中，这种建设速度是没有过的。同时，攀枝花整个工业基地处在地质灾害多发的深山峡谷，但几十年来，这里没有一座主体厂矿出现因灾难性的地质灾害而搬迁、重建。投产数十年来，从煤炭矿山到冶金矿山，没有一条井巷出现垮塌，没有一个采场、采区出现过因矿产资源不实而荒废，没有一个矿井达不到设计生产能力。特别是在20世纪80年代中后期，在我国尚处于"短缺经济"、钢材紧缺的历史时期，攀枝花的工业建设在我国整体工业发展和经济建设中发挥了重要作用。经过半个多世纪的实践证明，攀枝花的工业建设是成功的。一是攀枝花的工业建设为攀枝花创造了良好的经济效益，促使攀枝花地方工业蓬勃发展，初步形成了轻纺、食品、冶金、机电、能源、建材、化工等行业为主体的比较完整的地方工业体系，为钢铁基地的迅速发展提供了配套服务。二是攀枝花工业基地带动了周围地区的开发建设。攀枝花作为川滇交界的经济商贸中心城市，辐射面积已达 20 万平方公里，辐射人口已达 2 000 万人，周围的这些地区也在攀枝花工业基地的发展过程中分享到了发展成果。三是攀枝花的工业建设明显改善了中国钢铁工业的生产布局。通过多年的开发建设，使以攀钢为代表的一批钢铁企业在西部地区建成投产，使西部地区的钢产量上升到占全国总量的 17.3%。可以说，攀枝花的工业建设，正是全国一盘棋、"集中力量办大事"的中央决策之下所结的硕果，是三线建设成功的典范。而攀枝花也因此走出了一条合乎国情、具有中国特色的三线工业建设道路。

攀枝花，这座钢城（新兴的工业城市和内陆钢铁工业基地）奇迹般崛起的历史，深深吸引着踏上这块土地的每一个人。在 55 年的发展历程中，攀枝花用一个又一个工业发展实绩，赢得了三线建设"英雄城"的美誉。攀枝花的开发建设和改革发展进程也集中体现了中国特色社会主义建设的若干典型特点，它是新中国工业建设的缩影和代表。人们难以置信，多年前，当一群怀着崇高理想、报国热情的拓荒者，从中华大地不同地域云集到这里时唯一见到的，便是湍急的江边一个小小的渡口，攀枝花的起点就在这里。在没有铁路、公路交通又极为不便和几乎荒无人烟的崇山峻岭中建设一座大型钢铁联合企业，这是世界冶金史上的创举，其中的艰苦是今天的人们难以想象的。攀枝花因为艰苦创业、无私奉献、团结协作、勇于创新的精神而谱写了辉煌，也因为这种精神而继续绽放美丽。这种精神是社会主义核心价值观生动而具体的体现，不仅在历史上发挥了作用，还将在实现中华民族伟大复兴的中国梦的进程中谱写出新的辉煌。

第二篇

展·时代宏图

第一次坐飞机到攀枝花市的人都会禁不住感慨：在这崇山峻岭之下，竟然藏着一颗明珠！横断山脉形成一道道屏障，守护着这座为国防而生的工业之城，以致很多当年的建设者都无法向父老乡亲清晰地描述城市的准确位置，成为很多人心中的神秘所在。

步入21世纪，因当年"先生产后生活"的迫切需要而遗留的城市建设和经济发展问题逐渐显现出来，使得这座曾经以特种钢铁资源开发为核心建立起来的、曾一度成为国家战略资源城市和攀西乃至西南地区经济发展引领者的明星城市，陷入对城市转型发展的深深焦虑和思考。2003年，国家发改委宏观经济研究院国土开发与地区经济研究所对攀枝花城市发展做了专项调研，建议要从钒钛工业、绿色产业、旅游业等着手实现产业多元化。2013年，国务院办公厅发布了《资源型城市可持续发展规划（2013—2020年）》，进一步为攀枝花城市转型发展指明了方向。2017年，四川省第十一次党代会确定了将攀枝花"建成国家战略资源创新开发试验区和全国阳光康养旅游目的地"的新目标。

经过多年的探索和发展，攀枝花市逐渐明确了城市转型发展的思路，并聚焦于"四个加快发展"的领域，即：中国钒钛之都、中国阳光花城、中国康养胜地、四川南向门户。这个发展思路不仅充分利用了攀枝花得天独厚的自然资源优势，而且打破传统思维的禁锢，挖掘攀枝花独特的区位优势资源，必将引领攀枝花市走上可持续发展之路，而且将从新的角度阐释"艰苦创业、无私奉献、团结协作、勇于创新"的三线精神之精髓。

第四章

从"百里钢城"到"钒钛之都"

钒钛磁铁矿是国家重要的战略资源,有"战略金属""太空金属""海洋金属"之称,被广泛应用于国民经济和国防工业的各个领域。在许多人的眼中,攀枝花市似乎就是为了钒钛而生!

1965 年,"攀枝花特区"在波澜壮阔的三线建设中诞生,成为新中国第一个资源型特区,也催生了一座"百里钢城",攀钢高炉出铁时钢花飞溅的场面成为攀枝花这座城市的独特标识。2013 年春天,国家发改委正式批准设立攀西战略资源创新开发试验区,这也是全国唯一的资源型试验区。国家战略第二次落地攀枝花,各种高特新钒钛产品和最先进的钒钛制品生产技术在这里遍地开花,"钒钛之都"成为攀枝花最靓的标签,为英雄本质代言的攀枝花必将开得更加灿烂。

一、钒钛资源得天独厚

攀枝花市已探明钒钛磁铁矿保有储量达 100.16 亿吨,预测储量超过 200 亿吨。其中,钒储量占全国的 63%、全球的 11%,居世界第三;钛储量占全国的 93%、全球的 35%,居世界第一。更为关键的是,这里不仅富蕴钒钛资源,大自然索性连生产钒钛所需的配套资源一并奉送:优质焦煤和动力煤保有储量 15 亿吨;水能资源理论蕴藏量 687.9 万千瓦以上,可开发量达到 599.4 万千瓦;森林覆盖率达 61.85%。这里的矿还伴有钴、镍、铬、锰、镓、钪、硒、铂等 20 多种稀有金属。有人算了一笔可能不太精确的账:攀枝花钒钛磁铁矿潜在价值在 10 万亿美元以上,14 亿中国人平均每人可得 7 000 多美元。

在攀枝花蜿蜒的盘山机场路上,阿署达村地界有一个独特的露天

"人工湖",在湛蓝的天空和炫目的阳光下黢黑的湖面如宝镜般泛着微光。很多去机场接亲友的攀枝花人都会考一考客人"猜猜这是什么?",其实这是一个尾矿坝,里面是提炼钒钛后剩余的矿渣,但是攀枝花的这个尾矿坝却有着很高的价值。因为生产工艺的原因,里面残存了大量未分离提纯的钒钛和多种贵重金属,尚待技术进步后再提炼加工,目前暂存于此,日积月累面积已达约方圆1平方公里,被人们称为攀枝花钢城的一道工业奇观。民间广为传说日本、德国等国家的公司曾经想高价购买都被拒绝了,这可是我们的"国宝",其价值不低于一座大型有色金属矿山。

钒钛尾矿坝

二、"百里钢城"话"攀钢"

"国家战略"第一次花落攀枝花,催生了一座"百里钢城",这张城市名片曾让攀枝花人引以为豪几十年,但也体会到了一荣俱荣、一损俱损的苦涩。在过去很长一段时期,"攀钢"似乎就是攀枝花市的代名词,可谓"百里钢城一厂独大"。攀枝花钢铁公司投产初期就在全国钢铁企业中排行老三,仅次于鞍钢和武钢,曾经创造过数不尽的辉煌。

20世纪80年代初期,全国性企业改革如火如荼,长期超负荷运转的攀钢一期工程已超过当初的产能设计,二期工程上马迫在眉睫,但是"文化大革命"刚结束不久的中国百废待兴,国家并没有足够的资金来支持共和国的这个宠儿。当时的攀钢总经理赵忠玉一句"中国没有钱,向外国去借!"既启发了没有贷款意识的钢厂上上下下员工,也将攀钢推上国家大型企业改革的潮头。1987年5月8日,克服重重困难,赵忠玉终于代表攀钢在人民大会堂参加贷款协议签字仪式,包括美国花旗银行、英国米兰银行、日本兴业银行以及意大利、芬兰、荷兰、澳大利亚等国银行在内的24家银团的代表在座。1981年至2000年期间,二期工程建设促使攀钢迈上新台阶,最终实现了从"钢坯公司"到"钢材公司"的战略转型。

2018年8月27日,《人民日报》一篇题为《为了高铁快速平稳前行》的文章,让今天的人们重新认识了攀钢:中国第一条时速350公里高速铁路——京津城际高速铁路,全线铺设攀钢百米钢轨。世界上运营里程最长的高速铁路——京广高速铁路,超过三分之一路段铺设攀钢百米钢轨。世界运量最大的重载线路——大秦铁路,超过四分之三线路里程铺设攀钢PG4高强钢轨。其实攀钢的钢轨早在"天路"——青藏铁路修建时就已蜚声中外,攀钢铁轨抗住了永久冻土层、极端恶劣天气等严酷通行环境的考验,提供了72%的首铺钢轨。

现代化攀钢厂区

攀钢是国内首家能生产100米长尺、满足时速350公里铁路用钢轨的企业,"有铁路的地方,就有攀钢钢轨",这一几代攀钢人追求的梦想,如今正在不断成为现实。攀钢集团生产的含钒百米钢轨,作为国内唯一获得"国家出口免检"证书的顶级钢轨,正助力中国高铁跑出世界最高速度。

今天,攀钢仍然是攀枝花市最靓的工业名片,但攀枝花市的钒钛产业发展却远远不止一个攀钢能涵其详。

三、"钒钛之都"再铸辉煌

2013 年国家批准设立攀西战略资源创新开发试验区,"国家战略"第二次花落攀枝花,"钒钛之都"爆发出更快的发展速度。

2014 年 11 月 28 日,首届中国(攀枝花)钒钛产业博览会暨攀西战略资源创新开发试验区投资推介会在攀枝花市举办。年末季节,正是北方冰天雪地,即便南方诸地也阴冷潮湿之际,攀枝花却艳阳高照。"安得五彩虹,驾天作长桥",本次博览会以"创新驱动 发展钒钛 改变未来"为主题,着力打造全国钒钛产业开放合作的窗口和平台。仅在当日下午召开的攀西战略资源创新开发试验区投资推介会暨项目签约仪式上,即签订了正式投资合作协议 60 个,投资总额 406.93 亿元。相关项目覆盖了钒钛产业的全产业链,包括钒钛产业上游的资源、原材料、制造设备、测试测量仪器,下游的钛合金型材、金红石钛白产品,以及钢铁、化工、航空航天、海上平台、电力、医疗、高档消费品等领域的项目。

2017 年攀枝花市钒钛产品产量大幅增长,钛精矿、钛白粉、海绵钛等产品产量创历史新高,钒钛产业产值首次突破 200 亿元。2018 年钒钛产业产值达 375 亿元。

攀枝花的钒钛产品到底有多牛?让我们放下百米钢轨,以小见大,看看钒钛产品对人们生活的重要性:球形钛合金粉 3D 激光打印,可以"打印"各种精密设备,一位技术员骄傲地说:"戴上这个人工智能关节,残疾人也能像正常人一样跷二郎腿了。"而且可个性定制骨骼植入体,填补不规则的局部骨缺损。钛合金种植牙,生物相容性极高,植入牙龈就像"长在了一起"。因为二氧化钛的光催化性能,加入纳米钛白粉的各种纺织品真正具备了"自洁"功能,如果在高层建筑外墙装饰中加入纳米钛白粉,"城市蜘蛛人"这一危险职业将不再出现。钛合金在不同温度烧制下五彩斑斓,且轻巧、不过敏的特性,将使钛合金首饰成为时尚新宠。

经过50多年的开发建设,攀枝花已成为全国最大的钒钛原料基地、全球第一的钒制品生产基地和全流程钛工业制造基地。同时,建成了国家级钒钛磁铁矿综合利用标委会、国家级工业园区、国家级重点实验室、国家级科技孵化器、国家级检验检测中心和产业技术创新联盟等创新平台。高速铁路钢轨、钒氮合金、3D打印钛合金、高纯石墨、康养辅助器械等一大批产业产品居于全国乃至全球领先地位。截至2018年年底,全市共创建国家高新技术产业开发区1个,国家级科技企业孵化器1家,各类创新创业平台62家(其中国家级4家、省级22家)。攀枝花正昂首迈向"建设一批钒钛产业集群,打造世界级钒钛产业基地"的目标。

钒钛磁铁矿晶体

球形钛合金粉末

钛合金3D打印机

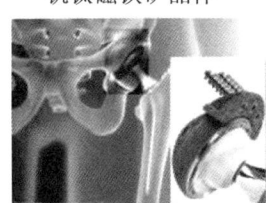
钛合金3D打印髋关节

钛合金3D打印战斗机零件

铁合金3D打印首饰

钛矿及钛合金3D打印技术

第五章

阳光花城展新颜

开发伊始,攀枝花被称为不毛之地,典型的亚热带干旱河谷气候曾给外来的建设者一个大大的"下马威"。漫山遍野最为常见的一种植物被大家形象地称为"火箭草"或"毛锥锥",这种草的种子长着倒刺,因为干燥十分坚硬,钻进衣服里很难拔出来。但近年来,随着水利建设、封山育林等措施的实施,城市建设观念的转变及技术的革新,小环境不知不觉间发生了很大的变化,攀枝花独特的多样化气候特点渐显优势。四川省情网这样介绍攀枝花的气候:南亚热带为基带的立体气候,具有夏季长,四季不分明而旱、雨季分明,昼夜温差大,气候干燥,降雨量集中,日照长,太阳辐射强,蒸发量大,小气候复杂多样等特点。正是因为整体环境的优化,攀枝花在城市转型发展中开创了全新的领域和业态。

一、特有的"六度"禀赋

今天的攀枝花拥有特别适宜人类休养生息的"六度"禀赋:一是"海拔高度"。最适合人类生存的海拔高度在 1 000~1 500m,攀枝花市区海拔 1 300~1 500m,在这里,人的心脏功能、睡眠、肺功能、造血功能等多项生理指标会显著改善,有利于加快人体新陈代谢,促进大脑健康和肌体长寿。二是"温度"。体感最舒适的温度为 18℃~24℃,攀枝花年平均日照约 2 700h、无霜期超 300 天、年平均气温 20.3℃,冬无严寒,夏无酷暑,尤其适宜避寒养生。三是"湿度"。人体最适宜的湿度为 45%~65%,攀枝花年均湿度在 55%~60%,长年舒适干爽,对风湿性关节炎、气管炎等常见疾病具有显著的自然疗效。四是"洁净度"。攀枝花环境空气质量优良率稳定在95%以上，近年多次达到了100%，细颗粒物的值常年低于$32\mu g/m^3$，特别适合呼吸系统病患者静养。五是"优产度"。攀枝花是四川唯一的亚热带水果生产基地，盛产杧果、枇杷、莲雾、石榴、草莓、樱桃等特色水果，一年四季鲜果不断。六是"和谐度"。攀枝花98%的城镇人口由全国各地汇集而来，热情、开放、包容，群众获得感、幸福感、自豪感和归属感不断增强。

二、亮丽的城市底色

攀枝花是全国唯一以花命名的城市，是当之无愧的花城。春寒料峭之际，攀枝花却开得如火如荼，成熟期的攀枝花树开花前会褪去所有的叶片，集中全身的能量，似乎只为那一夜间的喷发。一日不见，你便会惊叹它一树火红的蓬勃生命力。因其花朵攀枝而上，透着一种不畏艰险、勇于攀登的精气神，所以又被称为"英雄花"。攀枝花花蕊富含各种微量元素和氨基酸，可入菜。若论形、神、养俱佳的绝品，攀枝花可谓花中之冠。这一季攀枝花市还有一种因引种早、适应性强而常被误认为本土产的花木，俗称"炮仗花"，也是令人欢喜不已。炮仗花通常开于盛夏，但在攀枝花地区却是春节前后最繁盛，其花金黄，累累成串，状如喜庆的炮仗，在如今禁止燃放烟花爆竹的境况下，真真让人过了一把无声的炮仗瘾。仅这两种本土花木足以奠定攀枝花春季的城市底色。

从左上逆时针为：炮仗花、三角梅、攀枝花、异木棉、蓝花楹

繁花似锦

当然，没有人能对另一种别处有此处绝的花木视而不见，一年四季它可能随时撞入行人的眼帘，那就是无处不在的三角梅。三角梅在攀枝花随种随活，随时绽放，多有外地亲友爱之求移栽，结果却总是难得再现壮观之景，就如当年的三线人一样，已不能离开攀枝花永远明媚的阳光。近年多种色彩的三角梅培育成功，竟有5种以上色彩同株争艳的奇观，也是引得无数好花者为之折腰。

自从打造阳光花城以来，攀枝花从世界各地引种四季花木，很多奇花异草在此均能很好地适应，使得攀枝花四季花果不断。如异木棉，花色多样且娇艳，花盛时甚至让人产生失真感，怀疑其为永生花。夏季蓝花楹盛开时，整条街都氤氲着紫气，浪漫而吉祥。近年来多肉植物在攀枝花也能长成奇观。总之，攀枝花不仅居民"和谐度"高，花木们似乎也通灵性，有序开放，装扮四季，一点都不违和。

攀枝花的美还缘于洁净的空气，只有雾没有霾，尤其是雨后，水雾缭绕山体，如梦如幻，恍若仙境，这可是多年持续整治的成果。近年来，空气质量优良率持续接近100%。在攀枝花，你能见到儿时记忆中的蓝天白云和夜晚的繁星。在攀枝花市区，即便没有红绿灯的人行道，无论出租车、私家车都不约而同停车礼让行人，让五湖四海来攀旅养之人颇为感慨。

三、诱人的城市味道

攀枝花是典型的山地，可耕地面积少，降雨量低，不是传统意义上的水草丰茂之地，但经过多年的谋划改造，科技兴农，尤其是发展特色农业，攀枝花的农业似一颗拂去沙尘的夜明珠，装点了一方水土，也造就了诱人的城市味道。

得益于良好的水热条件和复杂的立体气候，攀枝花形成了丰富的植被和土地种植类型，也是全国"海拔最高、纬度最北"的热带作物适宜区。1998年，攀枝花市被正式列为国家五大农业资源重点开发区域之一。2012年全域被纳入第二批"国家现代农业示范区"。现已建成以早春蔬菜、特色水果、畜牧水产、林业生物和优质烤烟为主体的"五大特色"产业体系。

友人曾说："仅攀枝花的水果就能让我流连忘返。"攀枝花杧果、米易枇杷、红格脐橙已获"国家地理标志性保护产品"称号，畅销全国各地，远销欧亚各国。说到攀枝花特色水果就不能不提攀枝花杧果，"攀枝花"牌杧果商标获得 GAP 认证、攀枝花绿色认证、农产品地理标志认证、欧盟认证凯特杧果。攀枝花杧果是世界上纬度最高、海拔最高、成熟期最晚、品质最优的杧果，富含维生素 C、胡萝卜素，汁多味美，滑润爽口。关键是来自国内外的众多品种均已在此引种成功，大杧果的代表如凯特杧味甜芳香，质地腻滑，汁多，纤维少，单果重 500～1 500 克，平均 850 克；小杧果如小贵妃核小皮薄，果肉金黄、细嫩，单果重 40～60 克，小的只有人的大拇指大小，堪称袖珍；而椰香杧果核小且薄，肉细多汁，有一股浓郁的奶香味。总之，只需在攀枝花一地便可尝遍几乎所有的代表性杧果品种。2018 年攀枝花杧果出口突破 2.3 万吨。杧果、石榴、枇杷、核桃、樱桃、草莓、杨梅、葡萄、板栗、澳洲坚果等亚热带特色果品在攀枝花都已进入老百姓的日常生活。

攀枝花是"中国南菜北运基地"，即便在北方冰封雪冻的隆冬，攀枝花的田野里仍然充满着勃勃生机，攀枝花人的餐桌上永远都不缺绿色。在城市长大的学子"也傍桑阴学种瓜"，咨询隔壁的大叔下种时令，大叔回应说"攀枝花四季可种"。在攀枝花，四季可见的蔬菜很多，其中代表之一为西红柿。三线建设初期蔬果极度匮乏，那时亦果亦蔬的西红柿最易栽种，果实成熟后酸甜适度，果肉粉面，水分充盈，咬之爆汁，似乎永远都吃不腻。今日引种成功更多品种，如千禧果、普罗旺斯、铁皮、莱顿、釜山、大红、硬粉、黄皮、紫皮、绿肩……

瓜果飘香

医养农产品是攀枝花特色农业的新贵和未来发展重点，琳琅满目的特色药用植物余甘子、番石榴、山药、何首乌、薯蓣、番木瓜、黄精、白及、半夏、百合、玉兰、栀子、木蝴蝶、茯苓、石斛、附子、灵芝、重楼、当归、柴胡、党参、黄芪、鱼腥草、薄荷、藿香、龙胆草、佛手、菊花、枳椇子、桔梗等均已人工种植成功；穿山甲、林麝、眼镜蛇、乌龟、梅花鹿等药用动物养殖也初具规模；块菌、松茸等名贵食养植物已步入产业化发展之路。

攀枝花农业还有一张宜品宜游的清新名片——"立体农业"。"一山有四季，四季各不同"是立体农业的基本条件。攀枝花最早开始立体农业试验的是米易县，米易县的地形和气候十分独特，在 2 153 平方公里地域内几乎集中了多种生物业态的缩影。形似山脚其实海拔已达千米的河谷区，以种植粮食、蔬菜、甘蔗、常绿果树和养殖生猪为主，米易甘蔗甜入人心；绕山而行至海拔 1 500 米～2 000 米的中山区，高山蔬菜脆嫩汁丰、攀枝花杧果漫山遍野，落叶果树果实累累；在海拔 2 000 米～3 447 米的高山区，以种植粮食、药材、花椒为主，发展林业、畜牧业，米易青花椒已是众多川菜饕客餐桌必备。

2018 年，攀枝花市全年实现农林牧渔业总产值 70.27 亿元，第一产业增加值 39.7 亿元，增速 4.0%，居四川省首位。

四、旅养皆宜的康养胜地

攀枝花的旅游以"旅养"为特色，慢节奏的生活理想和重工业的厚重感相碰撞，能让人产生非常愉快的体验。

"晒太阳去！"：就是这么简单的理由，却让千万人纷至沓来。每到冬季，攀枝花的宾馆、民居、农家乐均一房难求，随处可见迎着暖阳舒展肢体、绽放笑脸的康养大军。冬日的阳光花城温暖如春，处处繁花，笑迎四方来客，大家都说："孝敬爸妈，就带他们来攀枝花！"

"泡温泉去！"：红格温泉距市中心仅 35 公里，是少有的氡气温泉，并含有氟、氢等多种微量元素，对皮肤病有特殊疗效。温泉四周群山环抱、果树飘香，呈现典型的南亚热带风光。以非常亲民的价格入住假日温泉酒店，早晨睡到自然醒，迎着和风暖阳做个运动，或者在场外观看国家运动队的各类训练，吃顿色香味俱全的午餐，小憩片刻，泡个林中温泉，看看晴朗夜空中的点点繁星，还有什么比这更惬意的生活？

"做运动去！"：攀枝花的海拔高度和气候条件特别适合运动养生，也为多种竞技运动提供了良好的训练条件。近年来政府投资建设了大量湿地公园、滨江大道、山地公园等供市民免费运动的场所，而且各小区也越来越重视运动设施的布局。在各个季节都能看到自行车、棒球、垒球、射箭、皮划艇等高级别运动队的训练和比赛。

品少数民族文化：攀枝花地处"藏羌彝文化走廊"腹地，金沙江流域中心，世代居住着彝、苗、傈僳等多个少数民族，拥有众多自然和人文景观独特的村落，多元文化共存共荣、交相辉映。非物质文化遗产包括"仁和区大田镇板凳龙""东区阿署达彝族打跳舞""平地迤沙拉俚濮谈经古乐""中国苴却砚雕刻技艺""米易县新山傈僳族约德节""盐边县仡佬族送年节""笮山锅庄"等。其中，最有代表性的是迤沙拉俚濮谈经古乐，古朴而神秘的彝家村落迤沙拉位于"南丝绸之路"必经之地，迤沙拉俚濮谈经古乐与丽江纳西古乐、大理洞经音乐同源，它既有洞经音乐的正规谈演，又有宫廷音乐的悠扬婉转，还有江南水乡的小调韵味。

品大工业传奇：攀枝花工业遗产包括象牙微雕钢城、大渡口"十三栋"、渡口吊桥、兰尖矿山等，它们不仅从各个角度见证了三线建设的历史，也是渐行渐远的首批三线人的精神留存，且具有强烈的视觉和心理震撼效果。攀枝花钢铁厂被人们誉为"象牙微雕钢城"，2.5平方公里的山坡地密集分布着钢铁厂的所有部门，能让人产生强烈的视觉冲击感。二滩水电站坝高 240 米，在同类坝型中居亚洲第一、世界第三，坝顶弧长 775 米的溢流式双曲拱坝雄伟壮观。如果运气好赶上水库泄洪，就能看到滔天的洪水如同千军万马奔驰，也能共情到李白所说的"飞流直下三千尺，疑是银河落九天"。2008 年，二滩国家森林公园被评定为国家 4A 级旅游景区。

赞红色文化之旅：攀枝花市红色旅游资源分为两个部分：长征文化和三线建设文化，最突出的是三线建设文化。当年多位中央领导下榻的"十三栋"、象牙微雕钢城、兰尖工业梯田、五〇三地下战备电厂等能让人重新走入那段艰苦创业的岁月，而"背水小道"一类的体验项目则会让人亲身体验到三线人创业的艰辛。

第六章

区位独特开新篇

几十年前攀枝花地界还是地图上的一片荒蛮之地，散居着古时因战乱或流放至此的少数民族和极少的汉族人的后裔。当年参加三线建设的口述者很形象地描述了此地交通匮乏、与外界隔绝的情况："从成都到攀枝花坐客车要三天四夜，住宿的时候找不到旅店。我没有带干粮，又不好意思蹭别人的吃，就吃那三斤桃子，第四天深夜大概一点多钟才到攀枝花。司机把我甩到二〇公司，找人又找不到，就在窗台边蹲了一个晚上，第二天起来眼睛直冒金花，到了饥饿的极限，就这样到攀枝花来报的到。"

而今的攀枝花交通条件得到全面改善，已成为四川省连通云南，面向南亚、东南亚的枢纽，发展目标是成为四川省面向印度洋区域开展经济贸易合作与联系的平台和中心。

一、区位得天独厚

攀枝花市位于中国西南川滇交界部，金沙江与雅砻江汇合处，北距成都 749 公里，南离昆明 351 公里，是四川省通往华南、东南亚沿边、沿海口岸的最近点，被称为"四川南向开放门户"。

攀枝花是长江经济带深入西部的战略支点、"南丝绸之路"的重要节点，是川西南、滇西北地区具有重要影响力的区域性中心城市、重要的商贸中心和物资集散地，也是全国 179 个公路运输枢纽之一、西部综合交通枢纽规划的 12 个次级交通枢纽之一、四川省 13 个二级铁路枢纽之一和 7 个二级物流园区布局城市之一。同时，攀枝花也是四川省连接珠三角、北部湾，通往东南亚、西亚及沿边、沿海口岸的桥头堡和四川南向融入孟中印缅经济走廊和中国－中南半岛经济走廊的重要门户。

二、区域枢纽练内功

早年的攀枝花市交通极度闭塞,成昆铁路通车后交通得到极大的改善,但同时也造成攀枝花对外联络过度依赖成昆铁路的弊端。1981年成昆铁路曾发生过新中国迄今为止最大的一起交通事故,当年7月9日凌晨1时30分,大渡河支流利子依达沟爆发泥石流,将沟口17米高、百余米长的利子依达大桥冲毁,造成275人死亡或失踪,成昆铁路运营中断15天。2019年,成昆铁路因连续强降雨造成高位山体崩塌淹埋铁路轨道,铁路断运近半年。如果在过去,攀枝花市势必成为一座"孤城",但今天大家却可以选择多种方式应对。

独一无二的机场:攀枝花市保安营机场2003年12月6日建成通航。机场只有一条跑道,建于海拔1976米的山脊之上,跑道尽头即悬崖。一位友人说:"每次起飞都有在游乐场坐过山车的心情,惊险刺激。"机场可起降波音737、空客A320等机型,目前已陆续开通到北京、上海、重庆、成都、广州、深圳、武汉等地的航线,为招商引资、旅游、物流及特色水果蔬菜外销开辟了新的空中通道。

攀枝花保安营机场跑道

动车牵民心:成昆铁路复线是在既有成昆铁路基础上新建或增建二线的铁路线,北起四川省成都市,南至云南省昆明市,全长865公里,按时速160公里设计，计划2022年完工，届时由成都至昆明将有望由19个小时缩短到6个多小时。成昆铁路复线将是成都南向出川的重要通道之一，线路建成后北接宝成铁路、成渝铁路，南连贵昆铁路，直接到达广西沿海，与东南亚铁路接轨。成昆复线全线建成后，不仅方便沿线旅客的出行，也将促进攀西地区优势资源的开发和经济发展，是沿线百姓盼望已久的大事。

高速公路渐成网络：G5京昆高速全长2 865公里，是国家高速公路网的重要干线，2012年已全线通车，成都至攀枝花总行程里数636公里，开车需7~8小时。宜攀高速是上海至成都高速公路（G42）成都至丽江连接线（G4216）的重要组成部分，跨金沙江接G5京昆高速金江枢纽互通。丽攀高速公路2009年12月23日在攀枝花西区格里坪镇庄上村奠基，丽攀高速通车后，将与丽江至大理高速公路、西昌至攀枝花高速公路、攀枝花至昆明高速公路一起形成川西南、滇西北城市群的高速公路网，对补充和完善国家西南部高速公路网具有重要作用。对四川而言，这是一条重要的出川大通道，也是融入湄公河流域和东南亚经济圈、进入南亚的必经之路。2015年攀大高速公路（四川境）主线开建，是四川省规划新增的7条出川通道之一，预计2020年全线建成通车。攀枝花本地已实现5个区县均有高速公路过境。

成昆高速公路

城市公路换新颜：全市公路网建设成果丰硕，基本形成以高速公路为骨架，普通国省道为干线，农村公路为脉络，对外畅通、内部便捷的公路网。以前来攀的客人总以为攀枝花只有一条城市公路，戏称"一根肠子通到底"。从市中心炳草岗到仁和区不堵车也要个把小时，去米易县的山道十八弯更是闹得人肚中翻江倒海。而今日全新的炳仁线不仅风光旖旎，且开车仅需十余分钟就能走完，到米易更是高速直达。

三、南向门户促开放

所谓四川"南向开放门户"是指攀枝花将发展成以与南亚、东南亚、西亚经济体贸易往来为主，面向印度洋区域开展经济贸易合作与联系的平台。2011年，四川省在"十二五"规划中明确提出"突出南向发展战略"，同年9月，攀枝花市第九次党代会上提出将攀枝花打造为四川"南向开放门户"的目标。

一方面，南向开放门户是促进西部地区和长江经济带区域合作与可持续发展的引领区。攀枝花市将被打造为长江上游和"南丝绸之路"的重要经济节点，积极对接长江经济带发展战略，充分发挥长江上游区位优势，共建长江经济带；同时，将全面深化和推进以"成渝西昆贵"钻石经济圈为重点的国内区域合作；打造攀西－六盘水经济区，形成金沙江经济圈；携手昆明、楚雄、丽江构建攀昆经济带。另一方面，南向开放门户是促进南亚、东南亚经济板块联合发展的先行区。作为南向经贸中心，攀枝花将立足自身产业特色，主动融入"一带一路"和孟中印缅经济走廊建设，积极对接西南出海大通道建设规划，加强与南亚、东南亚国家双边经贸合作，力争在钒钛钢铁优势产品出口、对外工程承包上实现新的突破，成为"一带一路"互联互通的建设主力。

打造四川南向发展的平台和枢纽，攀枝花具有得天独厚的优势：拥有丰富的自然资源，产业优势较为突出，现已形成矿业、钒钛产业、钢铁产业、能源产业、化工产业、机械制造业和太阳能产业、生物产业的"6+2"产业发展新格局。还正在努力打造南向交通枢纽、经贸中心、信息中心和人才高地。攀枝花的辉煌前景必是"长风破浪会有时，直挂云帆济沧海"。

第三篇

缅·居功至伟

千山万水不忘来时路。攀枝花因国家战备而孕、因国家战略而生，肩负国家使命，筑梦工业强国。55年的发展历程，跨越两个世纪，见证数个时代。攀枝花的开发建设史就是一部奋斗史、创业史，上至中央领导下至普通群众，他们以坚定的意志、顽强的斗志建成了英雄的攀枝花。

20世纪60年代初，国际局势波诡云谲，新生的共和国政权处在强敌环伺的危险境地。是在世界大潮中与世无争随波逐流，还是未雨绸缪自力更生？共产党人选择了迎难而上，以力拔山兮的气概艰苦奋斗，用愚公移山的魄力开拓创新。上自党和国家最高领导集体，中有具体担纲开发建设的核心力量，下有保家卫国心忧天下的万千民众，全国一盘棋，汇聚成一股巨大的建设力量，英雄的中国人打破了来自西方权威"成昆铁路是铁路禁区"和"攀枝花矿是无法冶炼的呆矿"的判断，以自己的力量和智慧，在短短的数年之内，在祖国西南建成以攀枝花钢铁基地和成昆铁路为代表的"备战备荒为人民"的安全大后方。

那个年代的人们践行着"数风流人物，还看今朝"的理念，秉持着"到中流击水，浪遏飞舟"的奋斗精神，高扬起"奔腾急，万马战犹酣"的家国情怀。这是一部不忘初心的红色史诗，这是一曲牢记使命的时代赞歌，这是一幅战天斗地的英雄画卷。攀枝花的建设者值得后人永远缅怀。

第七章

领导关怀

攀枝花地处西南地区的纵深地带，四周有横断山脉、大小凉山等作为战略屏障，境内江河纵横，钢铁、煤炭、水能、森林等资源富集，能源充沛，加之地形复杂，是开展三线建设的理想之地，受到党中央、毛泽东的高度重视。毛主席亲自为钢铁厂选址，并指定周恩来总理负责领导，李富春、薄一波两位副总理具体部署安排。攀枝花成为毛泽东主席"最关心的地方"和"建设不好睡不着觉"的地方，成了三线建设的重中之重，地位一时无出其右。中共中央书记处总书记邓小平、全国人大常务委员会副委员长彭真、国务院副总理贺龙、西南三线建设委员会第三副主任彭德怀等一大批党和国家领导人先后光临，密集视察攀枝花的三线建设，为攀枝花的建设提供了强大的政策支持、资金保障和精神鼓舞，使攀枝花在短短的五年之中，从高山峡谷人烟稀少的穷乡僻壤跃升为大型的钢铁联合基地。

一、毛泽东：攀枝花建设不好，我睡不着觉

1964年5月，在国家计委领导小组汇报第三个五年计划设想时，毛泽东指出："酒泉和攀枝花钢铁厂还是要搞，不搞我总不放心，打起仗来怎么办？"后来他又多次在不同场合强调：攀枝花建设不好，我睡不着觉。同年5月27日，毛泽东在中南海菊香书屋主持召开中共中央政治局常委会议，着重讨论了第三个五年计划和国家安全等问题。会上，毛泽东主要提出两个问题，一个是对三线建设注意不够，一个是对基础工业注意不够，指出：第一线是沿海，包钢到兰州是第二线，西南是第三线。他强调：攀枝花铁矿下决心要搞，把我们的薪水都拿去搞。

三线建设之光
——英雄攀枝花的三线情缘

他还表示，北京出了问题，只要有攀枝花就解决问题了，要求把攀枝花以及联系攀枝花的交通、煤、电等配套设施建设搞起来。毛泽东一再强调三线建设，中央高层思想开始趋于一致，国民经济建设的重点任务从保证"吃穿用"开始转向以大规模的国防、科技、工业和交通基础设施建设为中心的三线建设上来。

攀枝花中国三线建设博物馆中的毛主席话语墙

1964年8月4日，越南北部湾战争爆发，美国派出第七舰队大规模轰炸越南北方，战火燃到中国南部边界，新生的共和国再一次面临严峻挑战和考验，毛泽东立即取消此前早已确定的骑马逆黄河而上进行考察的计划，表示："要打仗了，我的行动得重新考虑。"在毛泽东的指导下，由中央书记处和国务院总理周恩来亲自主持三线建设日常工作，半年内即先后成立了西南、西北、中南三线建设委员会。1965年9月，毛主席在杭州谈到修建西南铁路时，异常严厉地强调："不搞攀枝花，这是没有道理的。不是早知道攀枝花有矿嘛，为什么不搞？你们不去安排，我就骑着毛驴下西昌。如果说没有投资，可以把我的稿费拿出来。"表明毛泽东对三线建设的重视程度提高到了前所未有的地步。

毛泽东对攀枝花的开发建设给了极大关注，把攀枝花开发建设提到了关系国家民族存亡的战略高度，他反复强调并明确指出：在原子弹时期，没有后方不行。要准备上山，上山总还要有个地方；建设攀枝花要有紧迫感，这是和帝国主义争时间的问题；攀枝花是战略问题，不是钢铁厂问题。当年6月，毛主席在政治局常委会上又强调指出：搞一、二、三线，打起仗来准备打烂。要有第三线，要搞快些，但不要潦草。在攀枝花钢铁厂选址问题上，毛泽东主席肯定了中央考察组选择攀枝花钢铁厂在弄弄坪建厂的合理性，还说准备把中央会议弄到攀枝花去召开，毛主席的肯定和支持对弄弄坪建厂的意见最终被采纳起到了至关重要的作用。

从当时中央高层对攀枝花的重视程度看，毛主席是最重视的，因此攀枝花也被老百姓称作"毛主席最关心的地方"。

二、周恩来：三线建设，渡口很好

周恩来总理作为三线建设的主要组织者，从做出三线建设的决策到实施，始终关注和指导着三线建设，尤其是攀枝花的三线建设，周恩来总理更是亲自领导，运筹帷幄。1964年5月，中央工作会议上，正式确定三线建设的方针。也正是在这次会议上，毛泽东主席亲自指定由周恩来总理主管其最关心的攀枝花的建设。

虽然周恩来总理在三线建设开始以后，未能如愿踏入攀枝花这片让其牵挂的国防热土，但攀枝花的开发建设却时时刻刻在牵动着他的心。在1964年9月的一次关于攀钢选址问题的考察汇报会上，周恩来总理力排众议，同意程子华的意见，把钢铁基地建设在面积不足2.5平方公里、坡度最大达到30％的弄弄坪山坡上。这是新中国成立以来所有大型钢铁厂选址的一个新突破，以前的钢铁厂都是按照"一五"期间苏联援助我们搞工业建设时带来的"三大一人"的钢铁联合企业的建厂模式。因为有了周恩来总理的支持，弄弄坪建厂方案最终得以通过，成就了今天攀钢举世闻名的"象牙微雕钢城"的奇迹。

攀钢厂址定下后，周恩来总理先后委托李富春、薄一波、邓小平等到攀枝花现场调查研究，对攀枝花钢铁基地建设做出一系列重要批示，确定了攀枝花统一领导建设体制，使攀枝花成为继大庆之后，全国第二个特区、南方第一个特区。遵照毛泽东主席"攀枝花建设要快，但不要潦草"的指示，在周恩来总理领导下，成立了基地建设综合项目国家计

三线建设之光
——英雄攀枝花的三线情缘

划单列等一系列特区体制，使攀枝花的建设得以顺利进行。为保证攀枝花钢铁厂建设，周恩来多次约李富春、李先念、余秋里讨论包括三线建设在内的国家经济建设问题。除此以外，他还多次召集国家计委、冶金、地质、铁道、交通等部门负责人进行研究，要求组织成立专家考察组立即开展实地调查，完善配套设施。

1966年下半年，正当攀枝花钢铁基地建设事业日新月异向前发展之际，史无前例的"文化大革命"席卷全国，攀枝花工业基地未能幸免。1967年初，基地建设指挥部领导成员纷纷被拉下马，整个基地的生产指挥系统濒于瘫痪。指挥部总指挥徐驰首当其冲，受批判、游斗，视力严重受损。周恩来指示国务院副总理李富春亲自安排，送徐驰到北京，并安排徐驰到上海华东医院住院治疗。此后，攀枝花的三线建设遵照周恩来总理的指示，由渡口支左的铁道兵第五师进驻攀枝花工业基地开展工作，"文化大革命"的阻挠破坏和基地的生产停滞情况才逐渐好转。

在稳定攀枝花局势之后，1969年12月4日，周恩来总理在中央办的学习班四川班小组会上对四川省来京代表提出："四川是祖国的大后方"，希望"全力以赴，保证明年'七一'以前成昆铁路全线通车，渡口出铁"。为了鼓励攀枝花的三线建设者，周恩来总理专门表扬："三线建设，渡口很好。"周总理提出的"'七一'出铁，向党的生日献礼"的动员和对建设者的表扬，极大地鼓舞了广大建设者，经过攀枝花三线建设者的艰苦努力和中央各部委的大力支持，1970年7月1日攀枝花钢铁厂实现了高炉出铁，成昆铁路也全线通车。

为了解决攀钢高炉的"粮食"问题，攀枝花加紧了对年产1 350万吨的兰尖铁矿和朱家包包铁矿基地的建设，矿山大爆破用去填埋炸药一万多吨，采用分层秒差爆破技术，远在北京中南海的周恩来总理自始至终都在密切关注和亲自指挥。1971年5月12日，周恩来总理批准了朱家包包铁矿狮子山爆破方案，指示大爆破要"周密组织，杜绝失误"。5月21日上午10时59分，周恩来总理亲自电话指挥爆破，取得了"万吨大爆破"的成功，爆破产生的地震波相当于4.2级自然地震的地震波，是当时世界第二、中国第一的工业爆破，也是迄今为止我国矿山建设史上空前的爆破壮举。

三、邓小平：这里得天独厚

50多年前，作为中共中央第一代领导集体的主要成员，邓小平来到攀枝花，亲临现场调研指导工作。他曾指出："这里得天独厚。"作为改革开放的总设计师，邓小平擘画的蓝图也正在这片热土上变为现实。

1965年11月，因为当时国际形势比较紧张，时任中共中央书记处总书记的邓小平由北京乘专列秘密南下，亲自到三线建设的前线视察指导。11月30日，在毛泽东主席"最关心的地方"，在举世瞩目的攀西大裂谷之巅、巍峨雄伟的兰尖铁矿基地，邓小平带着党中央的关怀和问候，给矿山基地和参与攀枝花建设的广大职工以信心和温暖。

下午两点过，邓小平一行风尘仆仆抵达攀枝花工业基地建设总指挥部。尽管从西昌到这里一路颠簸大半天，但刚到招待所的邓小平却执意不肯稍事休息，而是要求立即上矿山现场视察。刚建好不久的渡口吊桥就这样迎来了共和国的重要领导人。邓小平与陪同的领导同志一起兴致勃勃地步行通过吊桥。这座攀枝花第一座过江大桥并不是钢筋混凝土大桥，悬索大幅度的摆动丝毫没有影响到邓小平的兴致，眼见热火朝天的建设场面和滔滔不绝的金沙江水，站在吊桥上的邓小平满脸笑容地对同行人员说："这桥修得不错嘛，以后这个地方必须多修一些桥，这样金沙江两岸的交通就活了。"

攀枝花渡口吊桥

第二天，邓小平一行驱车到矿山视察，由于山路崎岖不能行车，他们只好步行爬山到尖包包、兰家火山、朱家包包等工地。程子华和地质部副部长旷伏兆向邓小平汇报了地质勘探及矿产资源的情况，邓小平详细询问和听取了关于钢铁联合企业、煤炭、电力、水泥、铁矿、石灰石矿等厂矿的选址和建设安排，了解副食品生产基地的建设情况，他说："铁矿资源是建钢铁厂的基础嘛！"会当凌绝顶，一览众山小，站在高高的兰尖铁矿的山巅，俯瞰着奔腾不息的金沙江，邓小平脱口而出："这里建设钢铁基地，真是得天独厚。"

攀枝花钒钛磁铁矿山

对攀枝花工业基地建设坚持不占或少占耕地，不占良田，尽可能在坡地建设生产或生活基地，占用耕地以一赔一，严格执行中央指示精神，邓小平赞不绝口，表示攀钢的选址和建设"开了一个好头，以后还要让更多部委的领导同志都来这里看一看"。

当徐驰介绍渡口市和攀枝花特区的来历，并谈及来自四面八方的建设者的精神风貌后，邓小平赞扬当地三线建设工作的杰出成就，提出"攀钢建设，战无不胜！"，当即代表党中央确定了攀钢的建设方案，并要求陪同人员一定按毛泽东主席指示办："一要快，二不要潦草，三要建设好。"

12月1日，在总指挥部招待所会议室，邓小平面对攀枝花工业基地建设的沙盘模型，听取工业基地总指挥、冶金工业部副部长徐驰的介绍，并听取各大部门的汇报，邓小平认真审查建设方案。最后，邓小平代表党中央和国务院对基地建设的一系列具体问题做了明确的指示：第一，同意攀枝花工业基地建设领导者汇报的建设方案，批准新建的弄弄坪钢铁基地厂址，并要求按照规划施工，除此以外，放权给基地领导，配套的各个厂矿设计在攀枝花本地现场审批，不必报送北京。第二，在建设项目中，攀钢何时投产、六盘水如何供煤、成昆线何时通车等，要制定和执行相互配合的时间表。第三，赞同由国务院副总理李富春、薄一波视察时提出的物资部在此设立办事处和仓库以存放建设钢材的办法，并要求计委电告物资部催办。第四，为了缓解攀枝花钢铁工业基地建设的运输难题，要求从北京、辽宁、安徽、山东、河南等五省共派1 500辆汽车配合基地运送生产和生活物资，保证攀枝花钢铁基地的建设顺利进行。

当晚，在简陋的大工棚里，邓小平和特区全体领导干部及工人代表观看了由攀枝花的建设者自编自演的文艺汇演，同广大奋战在生产建设第一线的职工进行了联欢。没有舞台，简陋的土坪就是最大的表演场；没有照明设备，汽车灯光汇聚成的光束就是最好的灯光。次日，在即将离开之际，邓小平在大渡口总指挥部招待所前的空地上，为工业基地的领导干部和职工代表做了一场关于国内外形势和三线建设重要意义的报告。报告没有讲台，没有音响，没有桌椅，邓小平站在空地前方的一个小土堆上，慷慨激昂、精神饱满地全面阐述了建设攀枝花的重大意义，鼓舞广大干部群众加紧建设，为建设祖国安全的战备大后方努力。

此次来攀视察，邓小平是受党中央、毛泽东主席和周恩来总理的委托，代表中央对攀枝花工业基地建设方案进行最终的确认和审批，并帮助解决攀枝花建设中遇到的若干具体困难和问题，对攀枝花的建设意义重大而深远。

四、彭德怀：渡口无限好风光

1959年庐山会议上，彭德怀受到错误批判，在抑郁中度过了6年。1965年秋，毛泽东在中南海接见彭德怀，主动提出请彭德怀担任中共中央西南局三线建设委员会第三副主任、西南三线建设副总指挥。1965

三线建设之光
——英雄攀枝花的三线情缘

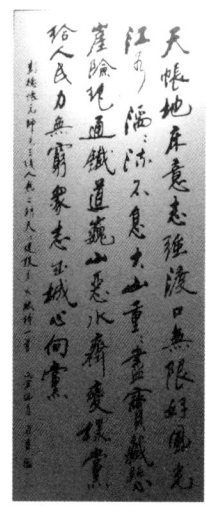

彭德怀诗《咏攀枝花》

年11月28日,彭德怀离京赴川再次踏上新的征程。

1966年3月,彭德怀从成都出发,一路向南视察正在紧张施工的成昆铁路,坚持到各个工地看望施工的战士和工人。在西南三线建设现场工作的一年多时间里,彭德怀把大部分时间和主要精力都放在了三线建设的调查研究、现场巡视上,足迹踏遍西南各个三线建设基地的万水千山。在西南建委,彭德怀要求大家按中央的部署,明确重点,纵观全局,突出"一点一线一片"的建设布局,集中力量保攀枝花钢铁基地建设这一个点,成昆铁路、贵昆铁路这一条线,贵州六盘水煤矿基地建设及其配套的其他国防工业项目这一片。他要求大家把毛泽东主席最关心的攀枝花钢铁基地建设好,鼓励三线建设者致力于三线建设,为国防建设和工业发展等做出自己的贡献,还表示自己虽然67岁,也还想和大家一起干一番革命事业,鼓励大家"苦干三年,就会打开三线建设的局面"。

在攀枝花视察三线建设期间,他走村串户,访贫问苦。一次到南山附近的一户农家查看建设期间农村生活的改善情况,当彭德怀准备向阴暗的草棚房子门口走去的时候,屋里走出一位身穿生羊皮褂子的中年男子把彭德怀拦了下来,不让进去也不开口解释,只是露出难为情的无奈表情,一再询问之下才得知,因为贫困,全家人没有衣服穿,一家人蜷缩在家里不敢外出。得知情况的彭德怀甚是感叹,表示三线建设一定要把内地的经济建设搞起来,改变当地老百姓的生活。

在攀枝花视察的短短几天时间,彭德怀多次被建设者的冲天干劲感染,彭德怀在自己的笔记本上做了一首满怀豪情、爱党爱国的诗,表达对三线建设的关心,对广大建设者的赞扬和对党中央、毛主席的拥护。诗歌写道:"天帐地床意志强,渡口无限好风光。江水滔滔流不息,大山重重尽宝藏。悬崖险绝通铁道,巍山恶水齐变样。党给人民力无穷,众志成城心向党。"

"文化大革命"爆发后,彭德怀再次受到牵连,1966年的12月22日夜,彭德怀在成都永兴巷的家中被带走押返北京。1967年元旦,彭德怀在最后一次上书毛泽东的信中，还对自己完成党中央和毛泽东主席交给自己的三线建设任务做了交代。

五、李富春、薄一波：计划没有变化快

1964年初，毛泽东基于对国际局势的估计，提出在内陆腹地建设三线工业基地以为战略大后方的构想。5月15日至6月17日举行中共中央工作会议，在会前的5月10日至13日的连续四天，国家计委主任李富春向毛泽东汇报了关于"三五"计划的初步设想，李富春主讲，李先念、谭震林、薄一波、陈伯达补充。就是在这次汇报中，毛泽东开始对"三五"计划提出新的想法，改变"三五"计划原来"吃穿用"的指导思想。当汇报到"三五"期间铁路交通计划时，毛泽东插话批评国家计委的第三个五年计划编制中未能把备战放在应有地位，没有抓紧攀枝花钢铁基地的建设，表示酒泉和攀枝花钢铁厂还是要搞，不搞总不放心。在这次中央工作会议上，毛泽东几次提到打仗，表明毛泽东考虑"三五"计划的出发点更多地倾向于准备打仗备战。会议期间，毛泽东更加明确提出三线建设的任务，批评拟定中的"三五"计划着重"吃穿用"，没有突出战备。

计划没有变化快，中央工作会议后，李富春和国家计委积极贯彻毛泽东关于三线建设的指示，采取有力措施落实中央工作会议的精神，派出工作组到各大区考察，为三线建设和进一步研究"三五"计划做准备。程子华在带队考察攀枝花工业基地厂址过程中，同西南局和四川省委发生了意见分歧，西南局和四川省委主张钢铁厂另选厂址，程子华等中央部委负责人和专家则坚持厂址选在攀枝花的弄弄坪，认为攀枝花地区有丰富的铁矿资源、煤炭资源、水能资源和森林资源，距离成昆铁路和六盘水煤炭基地较近，地点比较隐蔽，符合三线建设厂址"山、散、隐"的标准。程子华等人的观点得到李富春和薄一波的支持。据薄一波回忆，李富春和薄一波赞同程子华等人的主张，就向周恩来做了汇报，周恩来又带着李富春和薄一波向毛泽东做了当面汇报，并由毛泽东当场拍板："攀枝花有铁有煤，为什么不在那里建厂，钉子就钉在攀枝花。" 1964年10月底，李富春、薄一波为此亲自到攀枝花等地实地调查研究，考察了弄弄坪，在听取程子华和冶金工业部副部长徐驰汇报攀枝花

总体布局后，两位副总理头戴草帽，手拄木棍，翻山越岭到厂矿现场视察，因为无法过江，他们就在金沙江边遥望兰尖铁矿，为攀钢选址厂。

建设初期的攀枝花弄弄坪

在攀枝花实地调查时，李富春为勉励广大建设者提高建设决心和信心，转达党中央、毛主席和周总理对三线建设的关心，要求"攀枝花建设要加快，争取早出产品"。薄一波盛赞"攀枝花是我国的资源宝地之一，像这样矿藏资源与水利能源异常丰富的地方全国少有，是建设新型工业基地的理想地方"。调查期间，李富春、薄一波先后联名向毛泽东和中央发回七份简报，对攀枝花地区建设钢铁厂的可行性、厂址选择等重大问题作出论证，同时对当时需要解决的其他问题以及西南三线总体部署提出意见。李富春在给毛泽东的信和党中央的汇报报告中表示，将"执行调整第一线，集中力量建设第三线"的指示和"把工业交通和整个国民经济重新布局"进行统筹安排，并表示"必须争取用7—10年的时间，改变目前我国工业布局的面貌"。毛泽东后来说，他看了这些简报，感到很高兴。1965年初，中央同意李富春、薄一波等提出的在西南三线建设中把攀枝花铁矿的开发放在首位的意见。

六、方毅：攀枝花是中国的宝地

1978年全国科学大会召开后，方毅成了协助邓小平领导教育和科研工作的主要助手，开始亲自抓四川攀枝花、内蒙古白云鄂博、甘肃金昌三大共生矿的资源综合利用工作。作为国家领导人的方毅有一套自己的想法，就是做上层领导工作，不是说说而已，更重要的是亲手去抓几个典型，抓出成绩，取得经验，才能更好地指导面上的工作。因而1978年至1987年的十年之间，方毅的身份虽然在变，但他始终密切关注着三大共生矿的资源综合利用工作，尤其是对攀枝花钒钛磁铁共生矿的综合利用工作倾注了巨大心血。

在此十年中，方毅前后八次亲临攀枝花现场主持工作。还有一次在成都开会，他因临出发生病而无法成行。在八次攀枝花之行中，方毅实地考察、调研、听取汇报，同来自基层的工人、党政工作人员座谈。他每次从攀枝花返京均给中央提交书面报告，提出开发利用攀枝花矿的问题和意见。

攀枝花市举行方毅同志档案捐赠仪式

1979年，方毅第二次来攀枝花时，路过矿山公司尾矿过江的密地大桥，看见矿山公司的尾矿还在直接排向金沙江，造成严重的污染，对下游的水质和沿途军民造成危害。当天下午在招待所听取汇报的过程中他就严厉批评了地方党政领导人，这是方毅主持攀枝花矿综合利用工作以来首次也是最严厉的一次发火。

为了解决尾矿过江的技术难题，方毅在出访非洲之际，还考察了受访国的管道运输技术。为了和技术工人有密切和直接的交流，带回可用的技术信息，方毅专门向受访国提出单独看望负责管道运输的工人师傅

三线建设之光
——英雄攀枝花的三线情缘

的要求。经同意后,方毅带着两瓶茅台酒去看望老工人。当老工人得知方毅是来自东方大国的副总理,还送给其来自中国的茅台酒,非常感动。在和老工人师傅的亲切交流中,他得到管道运输需要"以柔克刚"的技术要领,回国后的方毅立即就让上海生产以柔克刚的泵。后来,在相关工厂和科技人员的努力下,上海最终加工制造出衬胶泵,解决了攀枝花矿山公司尾矿过江的技术难题。

方毅副总理抓三大共生矿资源综合利用工作,由于领导得法,聚集了多学科的专家学者,合力攻关,第一年一些重要金属就被提取了出来。第三年又取得重要进展,大多数金属被分离出来,并且部分应用到生产上。这时候,攻关工作要集中到企业生产现场实现全面工业化上。方毅副总理在部署第四年的工作时,形象地比喻为"打一个淮海战役",要求各分课题组集中到基地去联合攻关。到第八年,经过不断的完善深化,三大基地均取得好成绩。攻关前后的变化是巨大的、深刻的:攀钢于1972年投产后,一直亏损,1977年一年亏损额达到954万元,设计能力150万吨的钢铁厂当年只产铁89万吨,钒、钛、钴、镍等基本上未利用,国家每年还要进口3 000万美元的钒。8年后的1986年,攀钢生产的铁突破200万吨,利润达到37 600万元,钒渣产量7.15万吨,一半满足国内需要,一半出口,使我国与南非并列为世界两大钒的出口国。钛也开始大量利用,当年生产钛精矿3万吨,供给有关工厂,产出海绵钛、钛材、人造金红石、钛白等产品。由于技术上取得突破,继5万吨选钛厂达产后,又续建了10万吨的选钛厂。

在对三线建设和攀枝花的评价上,方毅作为领导者得出的结论是科学和全面的。1981年3月18日,方毅副总理在攀枝花共生矿综合利用工作会议上的讲话中指出:攀枝花是60年代中期三线建设的重点项目,三线建设中最有成效的工程,一个是成昆铁路,另一个是攀枝花。并对攀枝花的建设成就做出高度评价,方毅指出:在我国的腹地,建设起这么一个黑色、有色综合利用的基地,有着十分重要的战略意义,可以毫不夸张地说,这样一个基地与国家存亡休戚相关。在当时仍然是备战的时代背景下,方毅认为,中国的许多大钢铁基地都在沿海沿边,宝钢、鞍钢、包钢等等,打起仗来,都会出问题,能够支持战争并为军事工业提供原材料的只有攀钢。并再次对攀枝花共生矿的综合利用提出新要求,指出钛是极其重要的军事物资,钒也是这样,如果不看到攀枝花的战略意义，那是近视的、错误的。

1987年召开了攀枝花共生矿综合利用科研工作会的第九次会议，这也是方毅作为中央领导人最后一次亲自主持对攀枝花矿的综合研究利用会议。为确保薪火传承，方毅邀请新任国务委员兼国家科委主任宋健到攀枝花共同主持大会。在攀期间，方毅当面对来自全国各地的专家、学者和攀枝花的党政领导、科技攻关代表交棒，嘱托大家，自己的工作使命到期，但攀枝花共生矿的综合利用科研工作远未完成，希望大家继续团结在新任科委主任宋健的周围，继续做好攀枝花矿的资源综合利用研究和生产。

由于身体健康原因，1988年之后方毅不再担任中央和国务院的领导职务，转任全国政协副主席。虽然他身体不好，时常住院治疗，但他仍心系三大共生矿资源的综合利用工作和低合金钢的研究生产工作。凡相关人员去看望他，他首先要听取工作进展情况，有时他还主动约大家去谈。1995年2月25日，攀枝花开发建设三十周年汇报会在北京召开，方毅带病参加并发表即席讲话。生病后的方毅很少参加会议，但一听说是攀枝花的事情，表示自己一定要去，那是他一直关心的地方。会上，方毅表示攀枝花给他留下了非常深刻的印象，攀枝花是新中国建设的一块宝地，自己十年之内八次到了攀枝花，每次调查回京都要给中央和邓小平写信，提出要怎么把这个地方搞好，怎样利用它来创外汇。在方毅的努力下，中央非常重视攀枝花，也非常重视方毅的意见。方毅曾深情地表示，等到二滩水电站建成之后，再到攀枝花旧地重游，看看攀枝花建设的新成就和攀枝花的老朋友。可惜时不假年，天妒英才，没有等到二滩建成之日，方毅因病去世，未能实现其再看看攀枝花发展壮大新成就的愿望。

第八章

中流砥柱

攀枝花的开发建设首先取决于中央高层的正确决策，其次就是负责具体组织实施的各部门领导和各领域专家的不懈努力，他们心系攀枝花并为开发建设这块宝地做出了重大贡献。地质学家常隆庆教授是勘探攀枝花铁矿事业的开拓者，他不惧艰辛多次深入"不毛之地"，为这块宝地"代言发声"，揭开攀西铁矿的神秘面纱；原西南三线建设委员会常务副主任程子华，他在共和国建立时期立下卓绝战功，又为新中国成立后经济建设事业做出重要贡献，没有他对攀枝花钢铁联合基地厂址的坚持，或许就没有今天蒸蒸日上的攀枝花；原冶金部副部长、攀枝花工业基地建设指挥部总指挥徐驰，他在纷繁复杂的局面和千头万绪的工作中率领"三军"奋战，即使在"文化大革命"的侵扰下自身受到严重冲击，仍然牵挂着这片共和国工业大后方的攀枝花工业基地建设；著名冶炼专家周传典，没有他带领攻关团队数年间南下北上，艰苦创业，攻克高炉冶炼的百年世界难题，攀枝花钢铁基地的设备就会成为山谷里的钢铁玩具；攀钢煤炭基地建设领导人、原宝顶山煤矿建设指挥部党委书记亓伟，本已身居四季春城昆明、位至云南省煤炭厅副厅长，却义无反顾主动请缨建设攀枝花煤炭基地，终因积劳成疾抱憾离世，他生前留下誓言"生建攀枝花，死看攀枝花"；大学者杨文仲，他心许三线、笔走春秋，是勤奋工作的典范，等等。

他们或许有着不一样的身份，但他们都有一个共同的追求，就是建设好攀枝花，为党和国家分忧，为祖国安全出力。在他们的带领下，攀枝花从不毛之地变成钢铁新城。他们只是这个英雄群体的代表，却能充分展现群体的光辉形象。

一、常隆庆：揭秘攀西宝藏的先行者

常隆庆，1904年生于四川省江安县，毕业于北京大学地质系，中国著名的找矿专家。1935年，常隆庆进入荒无人烟的攀枝花地区考察，后完成《马边、盐源、华坪、永胜等县矿产调查报告》，首次揭开攀枝花矿藏的神秘面纱，因此被誉为"攀枝花之父"。1936年他再次进入宁属七县探矿，写出《宁属七县地质矿产》，其中记述："安宁河流域矿产之丰为西南诸省之冠……诚能将由成都经西昌至昆明铁路筑成，则安宁河流域当为国内极佳之工业区。"新中国建立后，方毅副总理在视察攀枝花时曾说："攀枝花现在建成了，不要忘了发现攀枝花的有功前人常隆庆教授。"

常隆庆从小勤奋读书，志向远大，并养成了坚毅、执着的性格和爱国、忠厚、有担当的优秀品格。1921年6月，常隆庆中学毕业后，即到南京报考东南大学。尽管常隆庆的其他学科成绩都相当不错，可"英语考试完全失败"，所以没被录取。他没有气馁，认识到不足的常隆庆独自客居南京，刻苦补习了一年英语，第二年17岁的常隆庆考入北京大学理科预科班。

北大科学与民主的良好学风，开阔了一直生活于偏僻川南的乡村少年常隆庆的眼界，他在给家人的信中写道："鉴于我国工业落后，民生凋敝，要想富国强兵，就只有为国家开发矿藏，从地下找出财富。"从此，他找到了自己的人生理想和目标，明确了自己的人生道路。两年的北大预科毕业后，他毅然选择了当时最为艰苦的地质学专业。

常隆庆大学毕业后，先后就职于北平地质调查所土壤室和西部科学院地质研究所。从此，常隆庆长期深入野外，实地调查，找矿的足迹遍及川滇。从1934年至1940年，他曾六度出入川西南的攀西地区，调查宁属七县西昌市、越西县、冕宁县、盐源县、盐边县、会理县、宁南县的地质矿产。

1936年1月，常隆庆和他的助手殷学忠从綦江出发，徒步到西昌，调查会理县因地震造成"金沙江断流"的问题。工作中，他发现会理县一带有很好的金属矿物成矿条件，便把调查重点放在宁属各县的地质矿产方面。他们的找矿路线是：从会理县步行到三堆子，乘船过金沙江到倮倮果,顺着江边山路经倒马坎、密地、弄弄坪、棉花地(今同德镇),后经盐边、盐源、西昌到雅安,9月中旬回到西部科学院。次年9月,常隆庆根据这次地质矿产调查情况,发表了《宁属七县地质矿产》。他详细分析了该地区的地层性质、成矿条件、成矿类型,并得出"矿产有磁铁矿、赤铁矿、褐铁矿,总储量在 3 700 万吨以上"的结论。这是迄今最早记载攀枝花磁铁矿发现和地质调查的资料。

1940年9月,常隆庆(中)、刘之祥(左)、张凯基(右)等赴攀枝花实地勘查矿产资源

西昌行辕主任张笃伦知道常隆庆的调查报告后,通过四川省建设厅调常隆庆到西昌任地质专员、西昌经济建设设计委员会常委。1940年,国立西康技艺专科学校和西康地质调查所决定联合对宁属北部和南部地质矿产进行调查。常隆庆和西康技艺专科学校采矿系副教授刘之祥一行7人,携带经纬仪、步数表和皮尺等简单测量工具,于当年8月17日从西昌出发,经盐源、盐边、华坪、丽江,历时87天,行程 1 885 公里,开展矿产调查,11月1日回西昌。

这一次康滇边之行,他们在攀枝花有了重大发现。常隆庆一行于9

月 5 日到达攀枝花村，住在保长罗明显家里，看见院子里有铁矿石。第二天他们上山探查，发现尖包包、乱岩、硫黄沟、营盘山等多处出现磁铁矿露头。他们采集铁矿石标本，经化验后得知里面含有高钛成分。常隆庆"匆忙地将笔记整理，认为攀枝花矿很有希望，书面报告写成之后，又将概况电告经济部地质调查所，请其派人到攀枝花进行勘察"。常隆庆根据这次调查写成《盐边盐源华坪永胜等县矿产调查报告》，他对盐边县攀枝花磁铁矿的地质条件、成矿原理、藏量等都做了论述，并且提出了建厂意见。

正是常隆庆首次发现攀枝花钒钛磁铁矿，为后来开发攀西地区铁矿资源奠定了基础。时任重庆大学校长、四川矿产地质调查处处长胡庶华对这次重大发现发函祝贺："足下深入荒蛮，从事地质调查，风霜雨雪，饥寒痛苦，皆所不惧，此等奋斗精神，求之当世，岂可多得！钦佩，钦佩！"1946 年常隆庆任四川矿产地质调查所所长，1949 年后任西南地质调查所副所长、重庆地质学校教导主任。1956 年成都地质学院（现成都理工大学）建校，他由重庆调该学院任教。新中国成立后，常隆庆先后参加了四川工业基地考察、西南红色地层研究等工作，为四川省工业发展布局提供了地质依据，并为西南中生代红色地层的研究及煤炭的时代划分和对比工作打下了基础。他一生著有 20 余篇学术论文、专著和地质调查报告，内容涉及地质学各个方面。

金沙江畔常隆庆塑像

1979年，当常隆庆听到方毅副总理对他的高度评价后，感动得流下热泪，并希望有生之年再访渡口。不幸的是，当年7月2日清晨，正在编制《亚洲地质图》的常隆庆，仰身取书时，突发脑出血去世。由于常隆庆的重大发现，使得被称为"蛮荒之地"的攀枝花成了世界著名的"钒钛之都"和中国重要的钢铁基地。常隆庆被后人誉为"攀枝花之父"，他的塑像矗立在密地桥头金沙江畔，与攀枝花这座城市永远融为一体。

二、程子华：骨灰撒入金沙江

程子华

程子华1905年出生于山西运城，早年就参加了革命，在将近70年的革命生涯中，历尽千难万险，始终以坚韧不拔、百折不挠的无产阶级革命精神，站在斗争的最前列，为中国人民的解放事业和社会主义建设事业立下了不朽功勋。1964年党中央启动三线建设后，程子华任中共中央西南局书记处书记兼西南三线建委常务副主任。他根据毛泽东主席提出的"建设要快，但不要潦草"的指示，深入实际，调查研究，统一规划，精心组织，发动各部门通力合作，在极端困难的情况下艰苦创业，建设了一批以攀枝花钢铁基地为重点的厂矿和军工企业。

1964年6月19日，周恩来总理召集国家计委、冶金部等部委负责人开会，传达5月中共中央研究大西南三线建设布局的会议精神。会上周恩来总理责成国家计委牵头组织有关部委负责同志和专家成立调查组，立即赶赴大西南三线建设现场进行实地调查研究，确定各厂矿厂址，并任命程子华为联合调查组组长。当时中央下达的任务非常紧迫，很快成立了西南三线建设委员会，由当时的西南局第一书记李井泉兼任主任，国家计委第一副主任程子华任常务副主任，主管三线建设的具体工作，繁重的三线建设重担就历史地落在程子华肩上。程子华深知三线建设的分量，他曾多次对身边工作人员讲过，"攀枝花建不成，毛主席说他睡不着觉,这反映了主席的焦急心情,我们一定要尽快建设好大三线"。此后为了使三线建设决策符合实际,程子华召集相关部委及各省负责人,成立三线建设联合调查组,开展实地调查研究。

6月25日,程子华召集冶金部、铁道部以及煤炭部等14个部委的负责同志在四川成都锦江宾馆参加联合调查组的第一次会议,传达了中共中央、毛主席、周总理对大西南三线建设所作的重要指示,随即他率领由中央有关部委负责同志组成的联合调查组赴大西南三线建设现场进行调查研究。6月28日,程子华率领由国家计委、建委、冶金、铁道、煤炭、电力、地质、商业等十几个部委的领导同志和云、贵、川三省负责同志及专家技术人员组成的100多人的联合调查组,开赴乐山、自贡、宜宾、西昌等地和云南省的永仁、仁和等地区实地调查。经过调查研究,确定在统一指挥下,由各单位负责相关建设任务。在实地调查工作中,他完全抛开"坐机关,听汇报,看文件"的工作方法,到现场就地解决问题,实行各部委、各地方联合作战,调查工作组实现前后方密切配合,解决了通信不便、推诿扯皮等问题,大大提高了工作效率。

在攀枝花钢铁厂选址过程中,程子华跟大家一样靠着水壶、毛巾、草帽、拐棍"四件宝",奔波辗转在深山峡谷之间。在实地调研期间,因野外条件艰苦,联合调查组遇到了难以想象的困难,他们住的是临时搭建的席棚,吃的是随身携带的干咸菜、干粮。在战争年代曾经负过伤、年龄偏大、体力有限的程子华,虽然行动不便,但还是同调查组其他成员一道完成所有的实地勘察。为了鼓舞考察组的士气,身带"四件宝"的程子华还不时与大家谈笑风生,一路上给调查组讲述红军长征的故事,以及延安艰苦奋斗和自力更生的光荣传统,休息的时候程子华亲自组织唱歌等娱乐活动。调查组被程子华的乐观精神所感染,工作气氛融洽,士气大为高涨,虽然工作条件艰苦,大家的心情却不失愉悦欢畅。

1964年8月,程子华率调查组去察看弄弄坪,当时金沙江上没有桥,从仁和镇所在的南边渡口乘船过江去弄弄坪是件很不容易的事。当时正值攀枝花地区的雨季,江水上涨,水流湍急,没有大船,只有老百姓运柴火和平时渡人过江的小木船,加之未疏浚的金沙江航道遍布暗礁和激流,船工怕出危险,拒绝载考察组渡江。考察组考虑到程子华的安全,也劝其暂不过江,另想办法。但平时不发火的他这时却发了脾气,表示自己不过江就无法了解攀枝花的实际情况,不能完成党中央和毛主席交给的任务，并对随行人员说，此时渡江远远没有当年红军长征时冒着敌人的枪林弹雨渡金沙江危险。在程子华的坚持下，考察组克服了困难，乘坐小木船艰难渡江到弄弄坪进行现场考察。

"文化大革命"期间，程子华惨遭林彪和"四人帮"集团迫害，被送进所谓"专政机关"关押了四年多时间。其间，程子华除接受审问和批斗外，在与世隔绝的牢笼里，既不能找人座谈，又无法查阅档案资料，完全靠好学精神和惊人的毅力，艰难地完成了《关于西南三线建设的情况总结》。1972年，程子华被释放回家后，将报告送呈毛泽东和周恩来。报告深受周总理的称赞，并被批转给时任国家计委主任的余秋里。这份报告后来成了《当代中国的钢铁工业》的重要素材，作为珍贵的历史资料被编进该著作。

在领导大西南三线建设过程中，程子华时刻以党的事业为重，注重团结各方面的干部、专家、学者以及工程技术人员，带领大家认真落实党中央的战略部署，完成了相关三线建设任务。薄一波曾经说过："党中央决定由程子华同志负责三线建设工作，因为中央对他放心。"1991年3月30日，程子华逝世，遵照程子华的遗愿，1992年8月，程子华夫人携女儿张慧来到攀枝花，在当年程子华第一次进入攀枝花的金沙江拉鲊渡口，把程子华的部分骨灰撒入金沙江。程子华的英魂再次回到攀枝花这片他为之付出并深深热爱的土地，这是一位将军的最后遗愿。

三、徐驰：千头万绪且徐行

徐驰1913年生于山东省沂水县，抗战期间参加革命，是我军早期难得的军工制造与管理人才。在攀枝花建设初期，徐驰带着党中央的嘱托和期盼，带着对人民的深厚感情，勇担重任，不畏艰难，不辱使命，团结带领数十万建设大军，拉开了攀枝花开发建设的宏伟序幕。短短数年，攀枝花就从荒无人烟的不毛之地，变成我国三线建设最具活力的热土和成功的典范。

1965年初，中央决定由徐驰领导攀枝花三线建设工作，任攀枝花工业基地建设指挥部总指挥兼特区书记。刚到攀枝花，徐驰就与领导干部"约法三章"，即不准坐沙发，不准铺地毯，不准跳舞。1965年是攀枝花建设史上工作最困难、任务最繁重的一年，也是为大规模建设打基础的重要一年。在徐驰的领导和协调下，经过轮番作业，到 1965 年上半年就为进入工业基地的 10 万建设大军准备好必需的施工条件和基础生活设施。从 1965 年下半年开始，在徐驰的领导下所有工地先后进入建设项目的大规模施工阶段。正当攀枝花工业基地建设事业大规模开展之际，1966 年爆发的席卷全国的"文化大革命"还是不可阻挡地漫入攀枝花特区，这个党中央和毛主席"最关心的地方"也未能幸免。到 1967 年初，基地建设指挥部的领导成员纷纷被拉下马，作为总指挥的徐驰更是不可避免地卷入漩涡的中心，被批判、游斗，在一系列的打击和折磨之下，徐驰的右眼完全失明，左眼视力严重下降。看到攀枝花建设基地受到严重的冲击，指挥部机关完全瘫痪，作为总指挥的徐驰忧心如焚，时刻盼望着来自首都的福音。1967 年 7 月 20 日，国务院副总理李富春安排支左的铁五师在确保人身安全的情况下，把徐驰接到了北京，并在周恩来总理的亲自安排下迅速转移至上海华东医院医治眼疾和其他身体疾病。在北京面见李富春副总理期间，李富春对徐驰在攀枝花的遭遇深表同情，动情地对徐驰说："看来把你整得不轻，骨瘦如柴，眼睛也搞坏了，要抓紧治。你们那里的情况和你个人的遭遇我们都清

徐驰（右一）介绍攀枝花矿山建设情况

楚，你可以不用多讲了。"李富春转达了周恩来总理对徐驰的关心，周恩来特地让李富春安排徐驰尽快到上海华东医院住院治疗，要求徐驰暂时放下渡口建设事业，安心养病。

徐驰在华东医院住院期间，心系攀枝花工业基地建设，想要回去继续领导攀枝花的三线建设事业。当听说攀枝花的形势逐步变好，全市30万军民欢迎徐驰回去继续领导攀枝花的三线建设事业时，他希望尽快回到攀枝花开展工作。周恩来总理为此专门召见徐驰，要求徐驰返回攀枝花成立市革委会，实现统一领导，抓紧恢复和加强生产指挥系统，限期全面复工，发动群众全力以赴促进攀枝花工业基地尽快建成，并任命徐驰为市革委会主任和攀枝花工业基地建设总指挥。得到指示和任命后，徐驰当即动身从京返川，继续领导攀枝花的三线建设。

1968年6月，徐驰主持市革委全体委员会议，集中解决两大问题：一是落实周恩来总理的指示，继续巩固安定团结的形势，促进攀枝花工业基地尽快建成；二是落实国务院提出的1970年"七一"前出铁目标，向党的生日献礼。此后，他动员全市广大群众全面开展"'七一'前出铁，向党的生日献礼"的促生产活动，把全市的生产建设引向了新的高潮，最终实现该年6月28日顺利出铁的目标。

1970年7月1日，由原成都军区和四川省革委会主持，分别在西昌和攀枝花召开纪念"七一"出铁和庆祝成昆线全线通车的庆祝大会。徐驰心中想的是，党中央和国务院交给自己的任务，在艰难曲折中终于取得了阶段性成果，但还要向着第二个目标——早日出钢而奋斗。

1971年1月，徐驰奉调四川省委工作，任四川省委书记，顾秀继任攀枝花市委书记兼市革委会主任。离开攀枝花三线建设领导岗位的徐驰，直到后来调入中顾委，一直都在关心着攀枝花的建设和发展。徐驰为这片土地和人民所做出的巨大贡献，攀枝花人民永远不会忘记，共和国的建设发展历史永远不会忘记。

四、周传典：南征北战试验忙

周传典1920年出生于安徽省凤台县，毕业于西北工学院矿冶系，是我国著名的冶炼专家，曾任冶金工业部副部长。1956年攀枝花铁矿采冶试验中，来自攀枝花的高钛型钒钛磁铁矿被送到苏联进行冶炼试验，苏联专家得出的结论是好看不中用的呆矿，无法进行冶炼。1964年中央和毛泽东主席决定进行大三线建设，重点开发攀枝花铁矿。但中央决定建设攀枝花钢铁基地时面临着一个巨大的科技问题还没有解决，那就是储量丰富的富含钒钛等稀有贵重金属资源的磁铁矿还没有实现技术分离，这不是中国特有的技术难题，在西方工业冶炼史上也没有成功过。毛泽东主席曾在一次中央工作会议上问道："攀枝花工业基地建设起来，炼不出铁来后不后悔？"在旁人无法回答之际，毛泽东自问自答不后悔。

毛泽东的回答，是新生共和国在新的国际局势下做出的选择，是战略转移和工业布局的必然选择，也是面对外来挑战的坚定回应。作为攀枝花钢铁基地建设的核心问题，冶炼钢铁的成败和矿山能源的富足程度被捆绑在了一起，也正是在这种情况下，时任鞍钢炼铁厂负责人、炼铁专家周传典被推上了历史舞台。1965年2月，周传典肩负起了这项无比艰巨的任务，带领"一百零八将"试验组开始了科研闯关之路。因为试验组成员的机动性，没有固定人数，小组成员从一百零几人到一百三十几人不等，后来人称他们为普通高炉冶炼试验"一百零八将"。周传典将试验组分为选矿组、新技术组、化验组、高炉组、烧结组、资料组等六个组，在实验设备极其简陋、工作环境极其恶劣的条件下，他们锲而不舍，土洋结合，大胆尝试，用他们的聪明才智和艰辛努力，仅花短短3年时间，就破解了钒钛磁铁矿冶炼的世界难题。在这期间，周传典带领试验组南北转战，先后在西昌四〇一厂、承德钢铁厂、首都钢铁厂的中、小型高炉上进行了1 200多炉次冶炼试验。经过艰辛的摸索和大量的试验数据分析，终于掌握了攀枝花磁铁矿的冶炼方法和冶炼规律，为攀枝花钢铁厂的建设投产吃下定心丸。周传典日后写道："我十分惊愕，因为我从来没有接触过钒钛铁矿。但攀枝花基地建设总指挥徐驰副部长告诫我：现在千军万马进驻攀枝花，人力、物力、财力都已做了安排。如果试验失败，我们将成为千古罪人。"深感责任重大，他只有拼尽全力去完成这项光荣的任务。

周传典作为攀枝花钢铁试验组的核心成员，工作担子重如泰山，他对试验组的工作要求非常严格，但生活中他和试验组的科学家一起共克时艰，从来没有任何的架子。他要求成员"召之即来，来之即战，战之能胜"，提倡全体试验组成员"见困难就上，见荣誉就让"，干轰轰烈烈

周传典（右一）视察攀钢时合影

事，做隐姓埋名人。在周传典的带领下，整个攀枝花钒钛磁铁矿普通高炉冶炼试验小组作风严谨又活泼。当时试验组成员先后到达工作现场，最早到达的因为准备条件不充分，八个人住一个房间，后来条件稍微转好的时候，一些基层的科研人员就住进了条件较好的三人间。周传典作为试验组组长、炼铁专家，也是和一个书记、一个老师和一个办事员等几个人住在一个面积很小的房间，而且开会就在周传典的住房兼办公室里，晚上有时候要讨论很久。

周传典领导的科研团队成功地解决了普通高炉冶炼高钛型钒钛磁铁矿的世界难题，打开了攀枝花资源宝库的大门，攀枝花铁矿由"呆矿"变"活矿"。该课题因此荣获国家第一届科技创造发明奖一等奖。

五、亓伟：攀枝花下埋忠骨

亓伟生于1911年，山东莱芜人，在抗日烽火中投笔从戎。中华人民共和国成立后，先后在教育、工业等战线工作。1964年11月，时任云南省煤炭厅副厅长的亓伟，离开昆明赴攀枝花宝顶山煤矿建设指挥部，出任指挥部党委书记，投入开发建设矿区的事业中。建设初期，为了使建设队伍进得来、站得住、展得开，煤炭指挥部开展了"三通一住"（通路、通电、通水、住房）大会战，解决了建矿的基本条件。针对施工战线长、领导干部少、职工住地分散的情况，亓伟主持建立了"干部落户蹲点制度"，加强对干部、工人的政治、文化、技术、业务教育，提高了干部和工人队伍的素质。

在矿区艰苦创业之初，亓伟心里想着群众，关心体贴职工，与矿区职工、家属同甘共苦。新工人入矿，他去问寒问暖，经常到宿舍查铺，到职工食堂了解伙食情况，帮助食堂解决实际问题，发动职工利用业余时间开荒种地，解决副食和蔬菜问题。在亓伟的带领下，全矿区仅1965年就开荒种地106亩，大大缓解了蔬菜供应难题。在开发建设矿区的8年中，亓伟面对艰苦条件，不顾疾病缠身，全身心地投入矿区的建设。他先后主持领导龙洞煤矿、小宝鼎煤矿、太平煤矿、大宝顶煤矿等重大工程建设，组织闻名攀枝花的"夺煤保电""夺煤保铁""夺煤保钢"三大会战，为攀枝花工业基地的建设和保障攀钢燃料的供应起到了决定性作用。在小宝鼎煤矿建设中，他经常带领干部到工地、宿舍召开工程技术人员、干部和老工人参加的"诸葛亮会"，还同几名老工人冒着生命危险下井寻找自然通风口。他组织工人用钢钎大锤打眼，发动职工用简易轨道和手推车运输，经过28个昼夜的奋战，恢复了小宝鼎煤矿的建设，受到煤炭工业部和渡口市委的表彰。在太平煤矿主副井贯通会战中，亓伟天天带领干部下井，和工人一起头顶渗水打眼、装车，蹲在水里铺设轨道，提前完成了主副井的贯通任务，工程质量全优，受到煤炭部的通报表扬。

就在亓伟全身心投入工业基地的建设，满腔热情地为大三线建设贡献智慧和力量之际，"文化大革命"冲击到攀枝花工业基地建设的各个领域，亓伟作为煤炭指挥部的领导和核心，不可避免地受到冲击和批判。1966年12月，亓伟被停止了第四指挥部党委书记的职务，后屡遭批斗，关进"牛棚"。即使在接受批斗的日子里，亓伟仍然忍辱负重，晚上挨批斗，白天继续带领工人抓矿井建设，搞煤炭生产。1970年初，亓伟获得了"解放"。同年3月，他不顾身患重病，又全力投入龙洞煤矿的建设。为加快工程进度，他和现场指挥部的成员一道，深入井下，跑遍工地，开展大量的调查研究，提出"多头作业，对面掘进，分段施工"的方案，适当调整施工程序，巧妙部署施工力量，发动群众打歼灭战、速决战，大大加快了建设速度。经过75天的艰苦奋战，基本上建成了年产原煤21万吨的龙洞煤矿，为确保攀枝花"七一"出铁做出了重大贡献。同年7月，亓伟又成功地组织领导了大宝顶煤矿建井会战。

1971年5月，亓伟被确诊为晚期食道癌，手术出院后返回矿区途经昆明时，中共云南省委安排他到安宁温泉疗养。但亓伟惦记着矿区建设，带着重病又回到矿区。为了表达建设大三线、扎根矿区的决心，两个月后，亓伟把在昆明工作的妻子和3个孩子的户口迁到了山高路远沟深的攀枝花工业基地煤矿区。由于亓伟一直带病坚持工作，身体虚弱加劳累过度，病情加重。就在他生命垂危之际，还语重心长地嘱咐医生要带好青年人，实行医护结合，培养医护人才，解决矿区职工就医难的问题。

被誉为"宝鼎青松"的亓伟

临终前，亓伟向前来探望的矿区领导提出死后要埋在宝鼎山最高的地方，以便他能日夜看着攀枝花出煤、出铁、出钢。1972年3月26日凌晨，亓伟同志在煤炭指挥部医院逝世。矿区党委根据他生前的愿望，把他安葬在宝鼎山的苍松翠柏间，让他与宝鼎同在、与松柏共青。原冶金工业部副部长、煤炭工业部部长高扬文在凭吊亓伟的挽联中写道：攀枝花下埋忠骨万人敬仰，宝鼎山上望新城夙愿得偿。

六、杨文仲：大学者心许三线

2007年四川首届"天府好家规"评选活动结果揭晓，杨文仲家庭家规入选十佳之列！

杨文仲是中国冶金史研究专家，1970年来攀枝花援建。他甘于清贫，乐于奉献，从不求功名富贵，一心充当幕后参谋、助手，多次放弃回京和升职机会，扎根三线建设。杨文仲利用业余时间潜心研究中国冶金史，共撰写200多万字的著述、誊抄1 300多万字的冶金史料、记录36 700多张学习卡片，成果丰硕。在杨文仲同志的严格要求下，杨家形成良好的家风。

杨文仲1925年2月19日出生于天津，1949年7月以优异成绩从北京大学工学院毕业，于当年9月到东北大区工业部工作。1952年12月，中央从东北大区抽调100多位骨干入京支援政务院各部委建设，朱镕基、袁宝华、马洪和杨文仲都名列其中。回京后杨文仲长期在冶金部工作，是部长吕东的得力助手。1969年初，冶金部5 000多职工家属被集体下放到云南边疆草坝五七干校劳动改造。1970年1月，包括杨文仲全家在内的200多名冶金部干部被从五七干校抽调到渡口支援攀枝花建设，从此他就和攀枝花结下了不解之缘。从那时起到1982年，杨文仲先生一直担任攀枝花市委顾秀、廖井丹、李超、杨超、翟自强等五任书记的秘书处处长。1982年到1989年，杨文仲先生应冶金部邀请到北京参加编写《中国大百科全书·冶金卷》和《当代中国的钢铁工业》，前后达十年之久，他仍然把家留在攀枝花，自己往返探亲。杨文仲先生1989年退休以后，把主要精力倾注在中国冶金史等方面的研究上，是我国冶金史研究的专家。

杨文仲一生心许三线，服务祖国，舍小为大，奉献社会。工作中他从不以权谋私，不借领导名义办私事、谋私利，拒绝老同事、老下属主动提出的帮助其解决家人工作单位调整、职务升迁及子女升学、就业等问题的建议；他不准家人利用自己的社会地位谋取不正当的利益，不准家人向自己的老同事、老下属请托；他要求全家人不管在什么单位工作，都要努力做好本职工作，起到带头作用，遇到困难要努力克服，不向组织伸手。

三线建设之光
——英雄攀枝花的三线情缘

杨文仲（右三）和同事在二滩水电站工地

当时国家经委主任袁宝华是他在北大的老学长，袁宝华的夫人朱傲石是他在冶金部同一办公室的同事，两家人过从甚密，连孩子都是在同一家属大院里长大的。按照现在有些人的观点，要说让袁宝华帮助他们回京工作，这是再简单不过的事儿，可是他从来就没有提过这样的要求。

1978年，杨文仲的老领导廖井丹同志调任中宣部副部长，廖部长特别想带他的秘书处处长杨文仲一同进京，杨文仲的家人也特别想回到朝思暮想的北京。可是，杨文仲却坚决放弃进京的机会，继续带着全家人战斗在三线建设的第一线攀枝花。

杨文仲的岳丈赵雨圃是中华人民共和国成立前重庆和香港知名的银行家和爱国人士，20世纪50年代多次应国务院邀请参加天安门国庆观礼。1981年，杨文仲的夫人赵慧娟女士以攀枝花侨联副主席的身份回到阔别32年的香港，见到了九十多岁高龄的老父亲。老人当即为爱女买下住房，迫切希望他们全家到香港定居和工作。但是，杨文仲耐心说服了妻子，继续在攀枝花作贡献。

大女儿就业时，他坚持按统一招工的政策办理，让她服从分配进了一家地方企业当工人，一直干到退休。其间企业不景气，大女儿下岗后家庭生活困难，杨文仲同志用老两口的工资支持他们供孩子读书，也不让他们给单位添麻烦。二女儿工作兢兢业业，认真负责，多次受到表彰。

杨文仲先生笔走春秋,是极端勤奋工作的典范。原攀枝花市副市长周绍良、谭辉章等都曾是杨文仲先生的下属,他们异口同声地告诉笔者,从来没有见过像杨文仲那样勤奋工作的人,每天工作到深夜,每个周末都在加班,除了吃饭和睡觉,无时无刻不是在工作!他们对杨文仲的佩服程度只有四个字可以形容,那就是"五体投地"。

杨文仲先生酷爱学习,是学习型干部的楷模。几十年来,在勤奋工作的同时,杨文仲养成了做读书卡片和写笔记的习惯。据统计,杨文仲抄录的书籍达266种,整理的学习卡片达3万多张,总字数达到1 300万字!

杨文仲在冶金部工作时已经是科长,到攀枝花后一直担任市委秘书处处长,直到退休仍是副处级待遇,他不计较。他是1949年10月1日以前参加革命的,退休时不争离休待遇,也从不向组织上提出任何要求。杨文仲2007年在攀枝花过世,95岁高龄的攀枝花市原市委书记翟自强亲自动笔,三易其稿,为他写了悼词:"杨文仲同志的逝世,使党失去了一位优秀党员,国家失去了一位优秀干部,同志们失去了一位难得的战友。悼念杨文仲同志,应学习他高尚的品德,优良的作风,继承他未完成的事业。"原冶金部的老同志在追悼杨文仲的挽联中写道:"深入细致,朴实无华,几十年严谨作风,齐声称赞;披肝沥胆,坦诚相待,一辈子做人原则,有口皆碑。"

杨文仲去世后,家属把他一生收集、整理的大量宝贵资料和1 300多万字著作、手稿共3万多件资料全部无偿捐献给攀枝花市档案馆,开创了攀枝花个人档案入馆之先河,数量之多、内容之丰,在全川首屈一指。

第九章

青春无悔

三线建设时期,攀枝花是排头兵,是重中之重,是毛泽东主席直接过问、最关心的地方。在党的号召下,数十万建设大军从全国各地奔赴攀枝花,他们怀着"让毛主席睡好觉"的朴素理想,谱写了一曲战天斗地的历史壮歌。在这片大山深处,处处涌现出可歌可泣的英雄事迹,时时可见令人动容的会战英姿。他们或许只是几十万建设者中最普通的一员,无论工人、农民还是知识分子,无论专家、学者还是技术人员,他们异地为家,无怨无悔。他们献了青春献终身,献了终身献子孙。在这个伟大的群体中,我们只能摘取零星的代表呈现,不管是"八闯将""六金花",还是兰尖采场的"十八朵金花",尽管他们的工种不同,事迹各异,但都体现了艰苦创业、无私奉献、团结协作、勇于创新的三线精神。这种立足本职、求精致远、为国分忧、为民服务的工作生活态度,正是我们今天需要继承和大力弘扬的优良传统。

一、"八闯将"

● "穿山虎"李金艮

李金艮是冶金指挥部三井巷三公司三队的风钻工,1958年参加工作,曾出席西南铁路工程局1964年学习毛主席著作积极分子和五好职工代表会议。他参加矿山工作后,坚定信念,克服对职业病硅肺病的恐慌,积极带头新巷道施工。在工作中,他做到了"一大"(干劲大)、"二先"(遇重活抢先,见困难抢先)、"三不怕"(不怕苦、不怕累、不怕狂风暴雨),争干粗活、重活,被称为"小老虎"。1965年春节,因施工任务紧急,为给节后放炮创造条件,组织决定利用春节放假时间打炮眼,李金艮主动请战,多次向指导员提出要求,并"先斩后奏"地提前来到施工现场,组织只好同意其参加突击组。不仅如此,李金艮还主动放弃节假日的加班费,请上级将自己的加班费用到更需要的地方。

李金艮在攀枝花三线建设基地工地写决心书

● "铁牛"唐大黑

唐大黑是川交二处的一位建设班班长,全班31人都是1964年10月份从四川仪陇县农村招工参加公路建设的新工人。在唐大黑的带领下,全班团结一致,出色地完成了施工任务。在工作中,作为班长的唐大黑以身作则,不怕苦和累,打炮眼,抬石头,从不后人。一根钢轨48公斤,要爬坡10余里才能运到目的地,一般是两人合抬一根,唐大黑却一人扛一根,群众因此称他为"铁牛"。抢修石华路(石家湾—华坪)时,全班负责6 000立方米的天岩子工程。工程地形险要,上有悬崖峭壁,下临滚滚江水,攀枝花炙热的太阳把岩石晒得滚烫,脚手难以攀缘。唐大黑不畏艰难和暑热,自己拴上保险绳,爬上悬崖单人冲钎,开辟洞口。搬掉岩石要放8个大炮,为打好炮眼,他坚持7天不下工地。遇险他就挺身而出,曾先后5次闯险处理危石,保证了全班施工安全。有一天中午收工后,他发现放大炮后的悬崖上存有30多立方米的危石,严重威胁在下面施工的兄弟班安全,唐大黑毫不犹豫地又拴上保险绳,再爬上去将危石炸掉。工地地处金沙江河谷,遇上雨季江水随时可能上涨,堆在江边的石灰也随时有被水冲走的危险,唐大黑组织全班将石灰抢运至安全处,避免了国家财产和建设物资的损失。工作上如此,生活上也一样,唐大黑多次组织全班工人一起在星期天上山捡柴,帮助食堂保证生活供应,解决困难。

● "铁人"陈治权

陈治权是湖南长沙人,贫苦农民出身,参加工作后多次出色完成任务,因表现突出,曾先后9次被评为地区、省和全国的先进生产者,出席全国的"群英会",受到毛主席接见。1964年10月,他随地质队来攀枝花参加建设。为解决用水的困难,陈治权不顾半个多月行军的疲劳,到工地放下背包就开始工作,经过3天突击即安装好了第一台水泵,引来山水。在冬季,为了清洗水池,陈治权不顾严寒去水池里清理污泥,通宵工作,白天又继续上班。1965年3月,地质队按上级的规定要开动11台钻机,其中有几台因没有革新设备出了故障,影响到工程施工。此时正患病的陈治权拄着拐柱到工地抢修好钻机,使生产恢复正常。1966年春节期间,陈治权放弃休息,在大年初一和初二两天连续工作,将出现故障的钻机修复,保证了正常施工。

为早日实现钻进工序、升降工序机械化和半机械化,陈治权还到外单位虚心学习技术要领,在修配车间全体职中工开展技术革新活动。经

工人们在做机械模型试验

过反复试验，完成了活动工作台、手轮进给器、拧管机、不停车倒杆等68种革新项目，使500型钻机由原来5人上班操作，减少到4人上班3人操作。全班13台钻机，因此项革新成果而减少了几十名钻探工人，使全队机械事故率大幅下降。

● "红色掘进工"戴世森

戴世森出身于农民家庭，1960年参加工作。1965年他不顾爱人身患骨结核、先后三次做手术、无人照料的家庭困难，毅然报名参加攀枝花建设，在煤炭指挥部太平煤矿担任掘进班班长。戴世森在日记中写道："工作就是革命，革命就得有斗争；心怀阶级仇和恨，怕苦怕死别革命。""山高水深崖又陡，坚心踏地建渡口。主席思想来挂帅，天大困难闯过关。上了战场就得拼，怕苦怕死不算人。只要祖国需要我，粉身碎骨也甘心。"

戴世森将决心付诸行动，在开挖太平煤矿平硐明槽过程中，表现十分突出。时逢雨季，他带领全班坚持施工，矿井里冒水严重，部分掘进工人不愿在水下工作，戴世森带头去干。在掘进中，凡有重活、苦活他抢先干。在井下水管常坏、粉尘太多的情况下，戴世森要求其他队员都离开作业点，自己独自把打眼任务包下来。戴世森

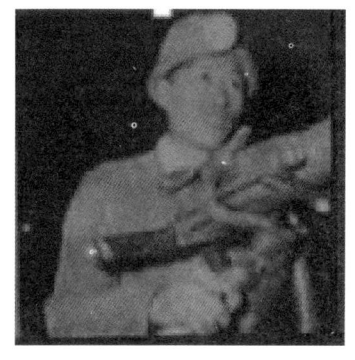

掘进工人戴世森

所带领的班里有新调来的12名工人，新工人刚来时存在着观望心理。针对这种情况，戴世森发动掘进班老职工，主动团结和关心新工人，使他们的思想和技术提高很快。在戴世森的带领下，全体成员同心协力，出色地完成了掘进任务。

● "运输尖兵"王树森

王树森是交通部汽车运输总公司一分公司二车队的司机，从1956年开车到1965年参加攀枝花建设，一直保持着"全国劳动模范"的光荣称号。在运输工作中，他每年超额完成各项生产指标，十年中安全行车22万公里，共节约汽油达2万升，没发生过一次安全事故。面对大

家的表扬，王树森则表示："一朵鲜花不是春，万紫千红才是春，一人节约再多总是有限的，大家都能为国家节约，才是最大的节约。"出车途中，王树森经常帮助其他司机排除车辆故障，走到哪里便将好事做到哪里。王树森从不考虑个人得失，处处把困难留给自己，把方便让给别人。王树森虚心学习别人的节油经验，又利用公休时间帮教新司机如何节油，还将自己改进的化油器换给别人使用。他总结出空车关油针、重车放油针的驾驶方法和利用车辆惯性的技巧。王树森驾驶车辆不开英雄车，把安全高效的驾驶理念诠释在每一次出车运输的具体行动中。

● "炉窑铁兵"杜永义

杜永义出身贫苦农民家庭，15岁就给地主干活，饱尝了旧社会的苦难，新中国成立后参加工作，表现十分突出，连续11年保持"先进生产者"和"五好工人"的光荣称号，曾8次出席部、局、市、区的先代会。1965年参加攀枝花建设后，任建工部三〇一建筑工程公司施工队队长。由于他刻苦钻研，除能熟练掌握钢筋工的业务技术外，还会焊接、铆、锻技术，能自己动手修配钢筋弯曲机、切断机、调直机、卷扬机等11种机械。除此以外，他还掌握抹灰、砌砖、浇灌混凝土的技术。群众说杜永义有"三手"：技术操作多面手、机械修理好手、技术革新能手。在建设初期的"三通一住"大会战中，干打垒住房需要茅草盖顶，他带领钢筋工小组上山割草，每天走20多里路，全组平均每人每天可割草100多斤，超过定额30%。为就地解决建筑材料问题，组织上决定由杜永义带领一支有少数民族工人参加的队伍去烧砖。当时困难很大，全队又只有一名会烧砖的技工，不同民族的工人之间语言不通、交流不畅。杜永义带领全队工人边干边学，经过一系列的学习和改造，将土窑改为马蹄窑，出窑砖的数量和质量一次超过一次，按时完成了任务。砖窑移交给煤炭指挥部后，杜永义又带领部分工人抢修通往采砂场的公路支线，高质量高标准地提前完成了施工建设任务。

● "革新能手"吴恒泰

吴恒泰1965年参加攀枝花建设，是电力指挥部送变电工程队送电一班的班长。他带领全班在队伍新、生活苦、施工条件差的情况下，在高山深谷中排除施工困难，致力于施工技术革新。吴恒泰带领的班组接受的第一项任务是架设自渡口到灰老沟的 10 千伏输电线路,当时只知大体方向,缺乏施工图纸,没有具体线路图,吴恒泰带领部分人员翻山越岭自行测绘。由于连最起码的地形图也没有,他们有时被高山深沟挡住,还得重选线路,重新测量。在第一次放线过金沙江时,因水流急、暗礁多,整整一天导线都没有到达对岸,班里有的人胆怯失望,开始打退堂鼓。吴恒泰在第二天又带领全班顽强战斗,完成了电线过江任务。由于攀枝花地区高山峡谷多,人烟稀少,架设线路几乎都是在荒郊野外人迹罕至的地方,一根电线杆平均运距超过 3 公里,而且需要爬上几十度的山坡,全班 12 人一天最多只能抬两根电线杆。吴恒泰革新施工方法,改用索道运输,12 人一天能运 7 根,工效大大提高。1966 年 2 月的电线过江施工中,吴恒泰又带领班组搞革新试验,成功地用索道跨江把导线从空中送至江对岸,放 5 根过江线只用了 5 个多小时,而且避免了导线受损。

正是因为吴恒泰敢闯敢创,从技术革新中求工效、保质量,注重提高全班技术水平,培养艰苦奋斗和勤俭节约的精神,他才能带领队伍成功地把电线杆竖立在崇山峻岭上,顺利地让输电线跨过山沟和急流。他和他的队伍安全高效地架起了 30 余公里 10 千伏和 35 千伏高压线,解决了当时生产中的难题,被公认为是施工中的"革新能手",他在"三通一住"大会战中多次出色完成任务,做出了突出贡献。

建设初期电力工人架设电线

三线建设之光
——英雄攀枝花的三线情缘

● "设计标兵"刘善发

刘善发1963年毕业于西安冶金建筑学院,分配到长沙矿山设计院担任技术员。在被派到海南工作一年后又转战到二一〇工程。工作中的刘善发以身作则勇挑重担,热心为大家服务,深受大家喜欢,称他是"革命的牛"。他曾出席湖南省工交系统学习毛主席著作积极分子代表大会。1965年刘善发来到攀枝花工作,工作组分配他搞矿山的火药总库和分库的设计。刘善发先后5次顶烈日冒风雨,忍饥挨饿到现场熟悉地形,并反复征求有关方面的意见,对原设计构想进行多次修改。为取得第一手资料,他和测量队一起进行为期37天的勘探测量。他跳出既有设计构想的束缚,使连接里程长度减少了200多米,为国家节约了很大的投资。新设计方案克服了库房布置的分散现象,提高了管理效率,为日后生产发展的有序进行做出了突出贡献。

攀枝花建设初期的席棚设计院

二、"六金花"

● "红莲花"张莲花

1959年不满17岁的张莲花就参加了工作,三线建设大幕开启后又来到攀枝花,成为冶金指挥部第三井巷工程公司的汽车司机。当时人们对女司机有偏见,大多数女司机结婚生子后都改行从事其他职业,有人也对张莲花说女同志不适合开汽车,叫她改行。张莲花就是不信邪,她努力学习驾驶知识,立志开好汽车为革命做出贡献。张莲花有一句名言:"要开好解放牌汽车,就要有解放牌思想,男同志能干的,我们女同志也能干。"

西南地区山高路险,驾驶条件非常差,一度流传着"开汽车是一脚踏油门,一脚进鬼门"的传言。张莲花不信邪,不怕险,不畏苦,刻苦钻研驾驶和修理技术,行车礼让"三先"(先慢、先让、先停)。她始终坚持安全驾驶,出车途中没有出现任何故障,每次都是多快好省地完成运输任务。日常工作中,张莲花严格要求自己,一切以建设事业为重,

"六金花"与工友们在学习

全心全意为人民服务。她开车行驶在路上，遇见因公出差的人，在确保安全和不违反交通规则的前提下，顺便带人、带物，看到抛锚的运输车辆就主动下车帮助。有一次张莲花正犯胃病，调度室派她出车拉水泥，张莲花克服身体的不适，二话不说带病出车。水泥拉回后，装卸工还没上班，眼看要下雨，张莲花就自己找了几个人将整车水泥搬进了仓库。在赶运砂石时，张莲花早出车，中午还不休息，当时正逢砂场工人吃饭，为了争时间抢速度，她就自己主动装车。这样的事迹在张莲花身上随时都在发生，后来因为工作突出，张莲花调至领导岗位，她就带领更多的人搞建设。

● "知难而上的好姑娘"杨桂兰

杨桂兰是云南大姚农村人，1964年12月招工到楚雄州机砖厂当工人。她来攀枝花参加建设还是做砖厂工人，机砖厂不仅条件艰苦，而且工作量大，一些人吃不了苦先后返回老家。杨桂兰想的却是"既然出来，就要争口气，不管再苦再累都要好好干，不能当逃兵"。在这种信念支撑下，杨桂兰胜任了繁重的工作，克服了手脚裂口的痛苦，"多出一块砖，就是多出一颗打击美帝国主义的子弹"就是杨桂兰的工作动力。

杨桂兰在工作中

不服输的杨桂兰心想的是，在"毛主席最关心的地方"就要拼命，不能给家里丢脸，也不能给女同志丢脸，因此她动员女职工和男职工一起出窑。为了加快烧砖出窑的周转，杨桂兰往往冒着六七十度的高温作业，常常顾不得手掌起泡，头发烧焦，汗水湿透衣背。在杨桂兰的影响下，砖厂的劳动竞赛开展得生动活泼，工作中你追我赶。在一砖厂改码组工作期间，为了提高工作效率，杨桂兰熟练背诵工作口诀，日夜加练苦练，工作改码砖从最初的一天 800 块改到 8 000 块，再到 10 000 多块，最高峰达到 16 000 多块，改码速度的极大增长提高了整个砖厂的工作效率。工作之余杨桂兰还帮助男职工洗衣晾晒，让男职工感受到关心爱护，变得更加热爱工作。在杨桂兰的努力下，一砖厂的工作干劲一直处于高涨状态，整个工厂的工人相处得像一家人，工厂中学雷锋做好事的现象层出不穷。1965 年 12 月，因各方面工作表现出色，17 岁的杨桂兰被推荐参加学习毛主席著作积极分子大会，"学杨桂兰、超杨桂兰"成为一砖厂的口号。艺术家郭兰英来攀枝花慰问演出期间，还专门为杨桂兰的事迹写歌传唱。

杨桂兰深受鼓舞，她把荣誉转化为对国家建设的热爱，对渡口建设的热爱，这也成为支撑着杨桂兰不断前进的巨大动力。因为突出的表现和贡献，杨桂兰 1966 年被评为市劳模，1975 年当选为厂党支部书记，同年被评为四川省劳动模范。

● **"三过硬的红姑娘"吴德素**

吴德素是冶金指挥部特种公司渡口工程处的青年料工，也是当时供应战线上的一名出色尖兵，在建设初期的短短三个月时间里，她苦练出了一套过硬的仓储管理本领。吴德素管理重型机械配件有 580 多种、1 000 多件，在不大的仓库内，摆放得井井有条，标签完整，一目了然，所有配件的型号、数量全部铭记在她心里。工作中任何时候吴德素都能准确知道各种配件的数量、放置地方以及配件的性能和用途，做到"一口清""三知道"，能闭着眼睛拿出所需配件。

吴德素的工作本领完全是靠反复练习、勤学苦练得来的。吴德素刚开始接触仓储管理工作时就给自己制订了计划，首先要学会并记住配件的名称、规格、数量，其次是安装部位、用途，再次是蒙着眼睛能拿，最后是配件的构造原理。她按库房货架的排放顺序将配件抄在日记本上。弹子盘、油封号码难记，就一排排画在日记本上，经常对照、默记。就这样终于苦练出"三本账"本领：即心中有一本活账，货架上有一本实物账，单子上有一本名称、数字账。

学习中的吴德素

● "红色服务员"王燕秋

王燕秋是三线建设时期渡口旅社的一名服务员，渡口旅社是当时那里开办的唯一的旅店。攀枝花建设初期条件十分艰苦，旅社既无房间，也无睡床，只是在饭馆餐厅地面上临时安置地铺接待四方来攀人员。最初安排三位女职工担任服务员，很快因工作关系调走了两人，王燕秋一个人承担了整个渡口旅社的管理和服务工作，因此渡口旅社被人们戏称为"一人旅社"。王燕秋不仅要一个人负责旅社全部的洗刷、整理打扫和服务工作，每天还要下到江边挑水供旅社使用。在旅社服务期间，王燕秋没有回绝一个投宿的职工或家属，总是千方百计给予接待安排。

1965年6月，一对老年夫妇来这里探亲，由于通信不便，只知亲人的工作单位名称，不知具体住址，联系亲人未果。王燕秋接待他们后，想方设法帮助探亲老人找到了自己的亲人。还有一次，一位中年妇女来渡口探亲，投宿的妇女身背重物，一手牵着一个小孩来到旅社寻求帮助。当时旅社住宿紧张，没有空余房间，王燕秋主动将自己的房间和床铺让出，自己则在过道口度过了整整一晚上。这样的故事举不胜举。攀枝花建设初期，普通工人工资待遇低，有一次一位煤炭工人从医院出来，天色已晚，当天赶不回远在大宝鼎矿区的单位，来到旅社求助，身上无钱无粮票，王燕秋将其安排住下，用自己的钱粮帮助煤炭工人解决吃住，还主动联系车辆帮助该职工返回单位。

由于王燕秋任劳任怨，处处为别人着想，深受大家赞扬，被看成三线建设早期攀枝花人的精神代表，"从一人旅社，可以看到攀枝花人的革命风格。"有的旅客在留言簿上写诗称赞王燕秋："人小店小志不小，工作出色样样好；一颗红心建渡口，革命红旗举得高。"

● "红色话务员"吴修润

吴修润原是江津地区邮电局话务员。1964年10月，攀枝花工业基地上马需要对外联络，组织决定抽调业务熟悉、表现优异、家庭背景良好的吴修润到渡口支援通信工作。因为保密级别高，吴修润离开江津也不能向家人辞行。大田会议后，工业区更加需要对外通信，吴修润被要求留下工作。年轻的吴修润"就只有一个愿望，就是让毛主席能睡好觉"，她身上有使不完的劲，总是希望自己能多干一些工作，确保攀枝花的重点通信畅通无碍。

作为最早一批来到攀枝花的建设者，面临的是工业区上马快、通信点多、要求急的局面，但通信设备简陋，线路不正规，当时多用信箱代号，电话号码变化大，不易熟悉，做好话务工作困难很大，人们戏称话务员是"受气员"。吴修润却迎着困难上，为了确保通信畅通，她苦练业务基本功。与吴德素苦练牢记机械配件一样，吴修润把工业区所有单位的名称、信箱代码、电话号码都一一摸排和牢记。为了保证电话能顺利接通，下班之后的吴修润步行走访各个建设单位和用户，使单位名称、地址、电话号码完全匹配记忆，牢记于心，不断提高操作技术和业务水平。父亲病重和亡故后她也没有请假回家，一直坚持在岗工作，全心全意为用户服务。她在值班时思想集中，应答快，接机准确，回叫多，用语热情，解释耐心，态度和蔼。她急用户之所急，想用户之所想，想方设法接通每一个电话。

工作中的吴修润

在通信系统和广大建设者的口中，邮电局21号话务员接线准确率百分之百，没有一个错误，电话接通率百分之百，没有遗漏任何一个电话。除了做好接线工作，吴修润还配合外线工人一起搞外勤，架设电话线，主动把报道攀枝花建设情况的《火线报》步行送到每个建设工地。

由于吴修润工作表现优异，狮子山万吨大爆破时被调到要求异常严格的保密台工作，直接对接国务院总理办公室专线。因为狮子山万吨大爆破是"那个时候最大的事情"，对于吴修润来说，这也成为她作为三线建设者心中最自豪的经历。

● 傣族"铁姑娘"李祥志

李祥志1964年参加攀枝花的三线建设工作，任煤炭指挥部土建四连女工班长。在当时"住帐篷、喝凉水、吃咸菜、爬陡坡、走山路"的艰苦条件下，李祥志团结带领全班12名成员，克服重重困难，出色地完成了各项生产建设任务，坊间评价"李祥志比小伙子还能干"。盖干打垒住房需用草盖顶，上山割草是一项异常艰苦的工作，既要和严酷的天气"作斗争"，又要和扎人的"火箭草"打交道。李祥志带领全班成员不穿袜子、不戴手套，不顾"火箭"扎皮肉和镰刀磨手出血泡，坚持劳动。艰苦的努力和勤奋的劳作带来的是显著的工作成绩，那时一般职工每天平均只能割草八九十斤,李祥志却能割回二百多斤的"火箭草"。

李祥志的拼命工作不仅体现在上山割草上,还表现在其他建设工作中。修建房屋上山扛木头,身材娇小的李祥志经常挑大的扛,还总是跑在年轻小伙子前面。每块重约 15 斤的大土坯,一般人每次挑 6 块,李祥志却挑 8 块甚至更多。在拖土坯的工作中,善动脑筋的李祥志将全班分组,任务落实到每个小组,改进拖坯工具,以双坯模和单坯模交叉作业,由开始每人每天 80 块,到最多每人每天 200 块,劳动效率大大提高,深受同事和领导好评。

在日常工作中,李祥志带领全班人在工余时间开荒种地,为了绿化环境,还栽种大量芭蕉树。在休息时间里她常常主动支援其他班组施工,也会抽空为男职工洗衣被,给病号买饭送水,职工群众称赞李祥志是"为革命不怕苦、不怕累,永不知疲倦的铁姑娘"。

1966 年 2 月彭真副委员长到攀枝花视察时,接见"五好"集体标兵代表和"八闯将""六金花",并鼓励在场代表:"你们这仗,是与地球开战,在整个经济建设中,改变全国面貌,有重要意义。你们这里搞得好,我代表党中央、毛主席,感谢你们,慰问你们!希望你们更好地做工作。"同年 3 月,国务院副总理贺龙视察攀枝花时,再次接见了

"六金花"与工友们合影

"八闯将"和"六金花"的代表李金艮、张莲花,给全体职工以莫大鼓舞,极大地促进了攀枝花的建设。

三、兰尖采场的"十八朵金花"

攀钢一期基本建成后,十八名年轻的姑娘组建了一个女子潜孔钻班,从1975年开始主动勇闯"禁区",在大黑山脚下荒凉的兰尖矿山采场,忍着40℃的高温从事采场作业。这批从攀枝花米易县湾丘五七农场招来的成都知青,本来可以在苦不着、热不着的办公室工作,但她们却同男职工拼着干,同男职工一样三班倒。在没有操作和维护经验的情况下,姑娘们边干边摸索,班长万西莲向全体成员提出"一年打基础,两年冲刺全国先进"的奋斗目标,要求每个人都必须熟悉钻机的机械结构和原理,完全掌握操作要领并随时进行总结,对日常故障要"听得出、查得出、能处理"。

在长期的工作中,这些从女知青身份转换为女工人的潜孔钻班成员,皮肤晒黑了,指甲磨破了。为了全面掌握业务知识,她们走在路上、躺在床上都还在学习和记忆技术要领。在全体18名女队员的共同努力下,1979年女子潜孔钻班创下了单台钻机钻孔2 000米的记录,遥遥领先于整个采场700米的平均水平。同年,女子潜孔钻班被冶金部命名为"全国三八红旗集体"。方毅副总理在攀枝花主持资源综合利用工作期间,到兰尖铁矿视察时专门看望了女子潜孔钻班,听完班长万西莲的汇报后,方毅赞叹女子潜孔钻班实在了不起。

四、"一百单八将"破解世界难题

108是中国历史上一个很有趣的数字,在四大名著之一的《水浒传》中,施耐庵塑造了梁山泊108位好汉的英雄形象,相关故事在民间广为流传。

1964年冬,在承德钢铁厂集结着一批中国炼铁行业的精英。这批人正式报到以后,人数不多也不少,刚好108人。这108人性格各异,各有所长,聚在一起做出了一番轰轰烈烈的大事,成为攀枝花开发建设史上的英雄人物。

钒被称为"工业味精"，钛被称为"战略金属"。大自然对攀枝花是厚爱的，钒和钛的储量均居世界前列。大自然对攀枝花又是严苛的，这里钒钛磁铁矿多种金属共生，虽有很高的综合利用价值，却难选、难冶炼。国外 100 多年的试验表明：低钛型钒钛磁铁矿可以用普通高炉冶炼，而高钛型钒钛磁铁矿用高炉冶炼时炉渣中的二氧化钛含量达 16% 以上，使得炉渣黏稠，铁渣难分，因而不能用高炉冶炼。用普通高炉冶炼高钛型钒钛磁铁矿成为冶金领域的"禁区"。

攀钢集团原董事长赵忠玉在踏足攀枝花的第一天，就拿到了一份来自苏联实验室的化验报告，这份报告让赵忠玉有了一丝担忧。赵忠玉在回忆这段往事时说："实验完了，苏联人给我们发了两个字'呆矿'，意思是攀枝花的矿不能用，不能开采，不能冶炼。"这无异于对攀枝花钒钛磁铁矿宣判了"死刑"。

为解决这个世界难题，1964 年 12 月，"高炉冶炼攀枝花矿试验工作组"在北京成立。这个试验组，就是由后来说的"108 将"组成。"试验成败，关系到三线后方基地建设战略设想能否付诸实践。"时任冶金部部长吕东的一席话，让包括周传典在内的试验组"108 将"体会到了沉甸甸的使命。今天攀枝花的年轻人或许对周传典这个名字并不熟悉，甚至可以说是完全陌生的，但老一辈的攀枝花开发建设者定会记得这位传奇人物，因为在 20 世纪 60 年代，正是在周传典的带领下，以他为代表的 108 位科研人员经过上千次试验，最终使"攀枝花钒钛磁铁矿高炉模拟试验"获得成功，成为当时中国冶金史上规模最大、领导组织最得力、最成功的一次科研攻关。它破解了攀枝花钒钛磁铁矿高炉冶炼难题，打开了攀枝花资源宝库的大门，打破了苏联专家关于攀枝花钒钛磁铁矿是"呆矿"的断言，确保了攀枝花钢铁基地的顺利建设。

"没有钒钛磁铁矿冶炼试验的成功，就没有攀钢，也就没有攀枝花的今天！"这是在 2017 年攀枝花市追忆周传典先生座谈会上，原"108 将"成员李身钊发自肺腑的感慨。"从'凡人'到英雄，并非遥不可及。""108 将"就是最鲜活的例证，他们展现出了勇于挑战的人格魅力和敢于担当的革命精神，高耸的攀枝花市人民英雄纪念碑上永远镌刻着他们的名字，记录着他们的英雄壮举。正因为有了更多像"108 将"这样的英雄群体，才有了今天国防之强大、国家之富强、民族地位之提高。

囿于篇幅，我们无法一一铺陈攀枝花三线建设时期所涌现出来的英雄群体，比如全国煤炭系统劳动模范、为保卫国家财产和抢救遇难姐妹而壮烈牺牲的房桂芝；全国劳动模范、锅炉工雷永；一家两代三位劳模、全国劳动模范黄明安；全国劳动模范、以身作则的龙大玉；甘于沉默、做隐姓埋名人的高炉试验组核心成员、炼铁专家李身钊；致力于改善工艺流程，并成功实现"雾化钒提"，却积劳成疾、英年早逝的江跃华；坚持真理、实事求是的起吊专家刘宝祥等等，名字无法一一列出，故事却在绵延流传。英雄的攀枝花建设者艰苦创业、顽强拼搏，用他们的双手托起了举世瞩目的钢铁钒钛城。让我们记住这群人，他们把自己的青春献给了巍巍矿山、熊熊炉火、熠熠灯光、滔滔江水，他们是攀枝花夜空中最闪亮的星，是攀枝花人心中最可爱的人！

第四篇

传·三线精神

"三线"是一首歌,"三线"是一杯茶,"三线"是一壶珍藏的老酒……每一个重大历史事件或重要人物给后世留下的遗产,不仅有有形资产,还有无形资产,或称其为精神遗产。今天来看,三线建设留给我们最重要的遗产实际上是三线精神。它充分展示了三线人报效祖国、不折不挠的优秀品质,充分展示了三线人与时俱进、敢于创新的时代风采,充分展示了三线人积极进取、超越无限的精神风貌,集中地体现了以爱国主义为核心的民族精神和以改革创新为核心的时代精神。

陈荒煤先生曾动情地写下一段话:"三线人的光辉形象时时清晰地浮现在我的眼前。他们是点燃我灵魂的一簇圣火。……这簇点燃民族灵魂的圣火从来没有熄灭过,如今燃烧得越来越辉煌了。"

每个人心中都有一段属于自己的芳华,都有一段刻骨铭心的青春记忆,只有经历过岁月的洗礼,才能沉淀美好的芳华,愿三线精神永存,一路芬芳!

第十章

三线精神寻根追梦

2016年7月1日，习近平总书记在庆祝中国共产党成立95周年的大会上指出："一切向前走，都不能忘记走过的路；走得再远、走到再光辉的未来，也不能忘记走过的过去，不能忘记为什么出发。"当我们今天为谱写"四个全面"篇章努力奋斗的时候，明确我们从哪里来、要到哪里去的时候，迫切需要把握好三线建设历史的主流和本质，对三线精神进行寻根探源。

三线精神是历史的也是时代的，是理论的也是实践的。三线精神是历史的沉淀和信仰的升华，它体现了时代要求，彰显了政党性质，传承了民族精神。

一、三线精神探源——中国梦的历史追寻

三线精神源自历史深处，必须穿透历史的迷雾，以三线建设者和三线建设实践为中心，通过对三线建设者的社会背景、人物生平、价值贡献及三线建设所取得的伟大成绩的考察，才能做出对三线精神的准确解读。中国近现代史，就其本质来说，是中国一代又一代的仁人志士和人民群众为救亡图存和实现中华民族的伟大复兴而英勇奋斗、艰苦探索的历史。三线精神展示的是1840年第一次鸦片战争以来尤其是新中国成立以来中国人民英勇顽强、百折不挠，敢于赴汤蹈火，冲锋陷阵，不怕流血牺牲的优秀风貌，体现了中国现代史的主旋律和时代主题，与实现国家富强、民族振兴、人民幸福的历史任务高度契合。

一个梦来自百年前那个风雨如磐的年代，百年来，沧桑巨变，百年来，岁月如歌。经略西部，解决东西部地区生产力和社会发展不平衡的

三线建设之光
——英雄攀枝花的三线情缘

响应党的号召

难题,自近代以来已逐步凝结成为一种"西部梦",成了中国梦的一部分。新中国成立后,经略和开发西部的梦想才开始变成现实。特别是1964年,中共中央和毛泽东作出了三线建设的战略决策,西部地区的建设和开发得以加速。三线建设恰似一根扁担,一头挑着国防战备的重任,一头挑着发展西部经济的重任。它为国家筑起了安全的战略后方基地,为我们在国际舞台上同超级大国周旋赢得了时间;几十个古老的县被注入新鲜血液,成为现代化工业科技都市和交通枢纽,攀枝花、六盘水、十堰、金昌过去是山沟野岭,发展为著名的钢城、煤都、汽车城、镍都;成昆铁路的修通,更使沿线凉山州等少数民族地区的经济社会发展跨越了50年。改革开放后,随着"两个大局"战略构想、西部大开发战略直至当前"一带一路"倡议的提出和实施,近代以来积累的西部梦想就这样一步步向我们靠近,一步步在我们眼前落实。50多年前,以毛泽东同志为主要代表的中国共产党人提出和实施的三线建设战略,恰如西部梦想实现途中承上启下的里程碑,被中华民族伟大复兴的历史牢牢记住。三线精神在地方史、新中国史、中共党史和中华民族发展史上占据着重要地位。

二、三线精神寻根——优秀传统文化的浸润

优秀传统文化孕育了三线人的协作精神。自古以来,和谐便是中华传统文化的基因与内核。传统文化是调和的文化,是融合的文化,不是攻击型的文化、扩张型的文化。儒家主张"己所不欲,勿施于人"换位思考的思维模式,道家推崇"上善若水,水善利万物而不争"的高尚人格,墨家则明确表达了"非攻"的军事伦理观,兵家更是把"不战而屈人之兵"奉为战争的至高境界,由此可见,"和"成为各家思想的交汇点。三线建设者一方面传承了中华文化"和谐"的理念和智慧,存和善之心、抱和平之愿、行和气之事、促和睦之态;另一方面又赋予其新的人文内涵,实现了"天和、地和、人和、己和"的高度统一。

优秀传统文化滋育了三线人的奉献精神。鲁迅先生认为"中国的脊梁"表现为四种类型,即埋头苦干的人、拼命硬干的人、为民请命的人、舍身求法的人,在他们身上折射出的都是"惠民利民、安民富民"的民生观,均指向的是奉献的价值主题。需要特别注意的是,由于受时代和阶级的局限,奉献的主客体均具有一定的狭隘性。三线建设中的奉献精神,不仅全面继承了传统的"国而忘家,公而忘私""鞠躬尽瘁,

北京奥运会开幕式的"和"字

死而后已""天下兴亡，匹夫有责"的献身情怀，还科学地批判地吸收了中国古代政治史中的民本思想，从而赋予了奉献精神新的时代表达，即出于对国家富强、民族振兴、人民幸福的追求而义无反顾地远离故土、亲人乃至抛洒热血，其中不少人甚至埋骨他乡。

优秀传统文化培育了三线人的创新创业精神。纵览历史不难发现，中华文明史就是一部创新创业精神萌生、成熟和完善的历史。中华民族的创新创业传统，可追溯到上古神话时代。在盘古开天地、女娲抟土造人、神农尝百草、精卫填海等一系列神话中，变革和进取的理念已得到充分体现。早在数千年前，中华民族的先民们就提出了"苟日新，日日新，又日新"的警诫，发出了"周虽旧邦，其命维新"的昭示，革故鼎新、与时俱进的意识日渐增强，并逐渐成为中华民族内心深处秉持的理念。鲜明体现民族创新创业精神的不仅有帝王将相（他们有的变革旧制，建立新制；有的驰骋疆场，建功立业；有的著书立说，解放思想），更有大量的普通民众，他们极力给中华文明注入新的活力。政治稳定、经济发展、文化繁荣、社会进步的文明大国形象正与这种精神气质息息相关。

三、三线精神铸魂——红色基因的传承弘扬

伟大的理想需要强大的信念做精神支撑，历尽苦难而百折不挠，归根到底在于心中的远大理想和崇高信念始终坚定执着，始终闪耀着夺目的光芒。天地大美，山高水远，没有坚定信念的人，不可能抵达风光无限的高处。三线精神最根本、最深厚的精神支撑在于理想信念。信念从哪里来？来自红色资源、红色传统、红色基因。百年前的中国积贫积弱、精神委顿，"中流之砥柱伊谁"。一艘小小红船承载千钧，摆渡了暮霭沉沉的神州华夏，开启了中国共产党的精神和意志的伟大远航。从深山翠竹中孕育井冈山精神，到雪山草地上熔炼长征精神，从宝塔窑洞中生发延安精神，到进京赶考路上锤炼西柏坡精神……构成了中国共产党人姹紫嫣红、交相辉映的精神系列，爱国主义、集体主义、社会主义和英雄主义的红色基因族谱始终是主色调。淬火成钢的精神品质、坚如磐石的理想信念、百折不挠的英雄气概、敢于胜利的革命风范，构成了我们党的红色基因。这种红色基因、精神气质融入三线企业及职工的血液

中，为三线精神的形成注入了丰富内涵。三线建设的伟大实践表明，唯有激活红色基因，鼓起信仰风帆，三线人才有了冲锋陷阵的勇气、改天换地的志气和决胜未来的底气，用青春和热血书写了不朽的传奇。

红船精神、井冈山精神、长征精神、延安精神等革命精神为三线精神提供了理论渊源和思想基础。三线精神承继了红船精神的"开天辟地、敢为人先"，内嵌了井冈山精神的"坚定信念、敢闯新路"，融渗了长征精神的"顾全大局、不惧牺牲"，糅合了延安精神的"解放思想、实事求是"。三线精神的红色基因，具体表现为对马克思主义的坚定信仰和对党的领导的坚决拥护、工人阶级的团结精神和协作意识、勇于创新的进取态度和敢于攻坚的顽强意志。历史车轮滚滚向前，时代潮流浩浩荡荡。历史只会眷顾坚定者、奋进者、搏击者，而不会等待犹豫者、懈怠者、畏难者。奋进实干的三线人用属于自己的方式诠释了自身流淌着的红色基因，无洪荒之力却撼天斗地，留下了一抹红色记忆，奋力谱写出实现中国梦的华彩乐章。

四、三线精神筑基——建设者的使命担当

三线建设是一部伟大的史诗，人是史诗的主体。那一年，他们风华正茂，白衣胜雪。那一年，他们毅然出发，奔赴祖国最需要的地方。三线建设绝不仅仅是一段尘封的历史，那是一段无数人的拼搏岁月，是我们现在所有安稳、和平和幸福的基础。而三线人，这些在历史变迁中拼搏过、奉献过、牺牲过的时代英雄，如今却甘守平静，不求闻达，不计回报，正是这种开阔的胸襟令我们无比感动。

贵州三线建设纪念馆

所有的青春都热爱远方，所有的青春都渴望释放。只有当一

切成为往事，那些沉淀下来的才真正构成了人生。黑白的老照片记录了三线人当年的劳动场面。在那个群像年代，建设者们虽然面容模糊，但火热年代的气息，多年后透过打印机、油印机、照相机、铁风扇等实物却依然清晰可感。我们分明看到了400多万中华优秀儿女满怀激情来了一场说走就走的迁徙，他们跟随梦想的指引，远离城市、远离交通干线，用青春和血汗铸就了国家安全的基石。那种热血奋进，那种义无反顾，那种全身心投入，唱出了一曲独具特色的时代赞歌，铸就成了永恒的历史丰碑。

美好的事物总是在艰难中诞生。凤凰涅槃，浴火重生，它投身于熊熊烈火中，以生命换取人世的祥和与幸福。三线建设的艰苦岁月，培养造就了坚韧、顽强、正直的三线人。有人说："三线军工的职工和子弟，只要离开单位，到哪里都是优秀的，无论是人品、才华、气质都是一流的。"还说："三线厂就是当年延安的抗大，是专门输送人才的地方。"三线军工的职工和子弟是自豪的，这份自豪源于对三线精神的坚守与传承。

第十一章

三线精神历久弥新

三线建设彰显的创业精神、奉献精神、协作精神、创新精神具有历久弥新的魅力，经过岁月的变迁，融汇成三线精神的丰富内涵，已成为中华民族文化自信的底气与来源之一。2018年，中宣部将三线精神与"两弹一星"精神、载人航天精神、抗洪救灾精神等一起，列为新时代大力弘扬的民族精神、奋斗精神。2019年1月17日《人民日报》在《弘扬民族精神、奋斗精神》栏目中，刊发了《三线精神——再艰难也没人喊苦喊累》一文，对三线精神进行了肯定。我们可以清晰地看到，作为社会主义先进文化重要组成部分的三线精神，在新的历史背景下所蕴含的生命力和先进性是无法替代的，也是不容忽视的。

历史不会忘记，人民不会忘记。三线建设所铸就的艰苦创业的拼搏精神、无私奉献的革命精神、团结协作的互助精神、勇于创新的进取精神，是以爱国主义为核心的民族精神和以改革创新为核心的时代精神的重要组成部分，是社会主义核心价值观的重要来源。进入新时代，我们更加需要从三线精神中获得理想信念的支撑，滋养奉献意识，涵养团结作风，提升创业格局，蕴蓄创新精神。时空转换，岁月流逝。尽管三线精神的外延在拓展，但三线精神的内涵没有改变。尽管热火朝天的三线建设与我们渐行渐远，但三线精神却历久弥新。

一、艰苦创业——三线精神的不凡品格

进行伟大的创业，必须有伟大的创业精神。三线建设是神圣的事业，需要有一种积极的精神来凝聚和激励广大建设者。无论是在时间跨度上，还是在建设规模上，三线建设都超过了"一五"期间实施的156

项工程。特别需要强调的是,大规模的三线建设是在没有外援的情况下开展的,广大三线建设者充分发扬了自力更生、艰苦创业的精神。以汽车工业为例,三线建设中最大的项目是建设第二汽车制造厂。建市初期,十堰只是一片山村,当时流传着"十大怪":不分城里和城外、一条马路直通外、山沟里把楼房盖、工厂门外种白菜、红薯叶子当菜卖、打电话没有走路快、下雨打伞头朝外、汽车专往河里开、石头块子当煤卖、修个礼堂像螃蟹。1969年,来自全国各地的10多万建设者凭着"干打垒精神""芦席棚精神""马灯精神",在小山沟建起了现代化的汽车城。穿过历史的时空,我们仿佛听到了当年隆隆的开山炮声,仿佛看到了闪耀在崇山峻岭中的点点马灯,仿佛回到了当年战天斗地艰苦创业的火热场景。

"干打垒"这个名词对现在很多人来说都比较陌生,这是三线建设特有的产物,也成了三线人特有的居住标志。弹指一挥间,昔日的干打垒已被现代化建筑取代,然而那段曾经走过的岁月,历史不会忘记。听,干打垒的夯声好像从那时一直锤打到今天;看,干打垒精神早已成为一笔宝贵的无形财富。干打垒精神是一种强烈的为国分忧的爱国主义精神,是一种勇敢面对现实、顽强战胜困难的精神,是一种奋发图强、自力更生的精神,是一种勤劳节俭、乐于奉献的精神。

三线建设时期"干打垒"建房子

芦席棚精神是三线建设时代的重要成果，也是三线建设时代留给现代人的宝贵精神财富。风起的时候，房屋随之舞动。雨下的时候，雨滴飘洒在床头。这里曾是真正的棚户区，条件就是如此简陋。一排排简易的芦席棚里，却蕴藏着巨大的希望和财富。尽管有许多困难挡路，然而创业激情高涨。面对穷山恶水，唯有干字当头。三线人始终坚信，在芦席棚驻扎的地方，未来必将矗立起一幢幢现代高楼。

"醉里挑灯看剑，梦回吹角连营"，灯具似乎更能营造出久远的气息。马灯，作为二汽创业时期简陋的照明工具，与干打垒、芦席棚等，共同成为二汽人艰苦创业的精神象征。擎起马灯，第一代东风拓荒者，靠着人拉肩扛为二汽建设打下坚实基础，留下了艰苦创业的"马灯精神"。它是在振兴我国民族汽车工业的历史时期产生的，是老一辈东风人艰苦创业期间不可磨灭的记忆，是东风人艰苦创业实践中显现出的精神品质的升华。

二、无私奉献——三线精神的英雄气质

如果说，战争年代的赤子情怀是为国捐躯的大无畏精神，那么，和平年代的赤子之心，就是"只要祖国需要，我必全力以赴"的奉献精神。党的十八大以来，习近平总书记多次批示全党向优秀先进典型学习。从司法的"燃灯者"邹碧华，到太行山的"新愚公"李保国，从扑下身子苦干实干的廖俊波，到秉持科技报国理想的黄大年，他们的先进事迹不同，但有一点是共同的，这就是他们都具有一种为党和人民的事业无私奉献的伟大情怀。三线建设中的奉献精神，既继承了中华民族传统美德的精华，又赋予其崭新的时代内涵，在祖国的中西部地区奏响了一曲铿锵嘹亮的交响乐。三线企业广大职工从一开始就坚定舍身报国的信念，用行动诠释着只讲奉献、不图回报，为三线建设挥洒青春热血、贡献智慧力量的奉献精神。群山中那星点般散落的是他们的家，蜿蜒的小道是他们情感的纽带，山峦间奔腾的河水是他们沐浴的天堂，工作、生活的艰苦让他们的意志更加坚强。当春暖花开和金色秋天一次次轮回，内地山区越来越壮美的时候，岁月悄然染白了他们的双鬓，他们把自己火热的一生都奉献给了党和国家，献给了国防军事工业。

在三线建设中，无数的科技工作者隐姓埋名，为共和国筑造大国重

器。1969年,中国工程物理研究院研发基地搬迁到川北的深山沟里。著名科学家王淦昌化名"王京",以身许国参加原子弹研制工作。院长邓稼先院士在弥留之际,还与于敏合作,向中央提交了一份关于加快中国核武器发展的建议书。空气动力学家、九院副院长郭永怀组织完外场试验,返京汇报试验成果,因飞机着陆失事而遇难。当找到他的遗体时,人们发现,他和他的警卫员紧紧抱在一起,装有绝密资料的公文包就保护在烧焦的遗体胸前。

当您从电视或电影画面上看见中国西部天空升起蘑菇云,看见火箭冲向天空,看见出现在地面、蓝天、海疆的现代化兵器、战机、舰艇,看见荒原、山谷间的钢城、工厂、电站拔地而起,看见神奇大裂谷间地下长廊般的隧道等景象时,您可曾想到在这辉煌图景后面为此做出巨大贡献的三线人?

绵阳"两弹城"

在中华人民共和国的历史长河中,或许很难重演这样的情景:来自祖国大江南北,数百万的工人、知识分子、军人、干部响应党中央号召,打起背包,背井离乡,进入深山峡谷、大漠荒野。他们风餐露宿,肩扛人挑,用十几年的艰辛、血汗甚至生命,建起了上千座工矿、科研院所和大专院校。在半个多世纪的岁月中,三线人始终秉承着"国为重、家为轻"的信念,在这片热土上奉献了全部青春,他们是中国开发西部最可爱的人！他们在创造举世瞩目的物质丰碑的同时，也在人民心中树起了永不磨灭的精神丰碑。

三、团结协作——三线精神的宏阔视野

一堆沙子是松散的，可是它和水泥、石子、水混合后，就比花岗岩还坚硬，这就是团结的力量。一个家庭、一个组织、一个企业，如果成员与成员之间没有团队协作精神，就成了那三个挑水的和尚。邓小平同志曾指出："社会主义同资本主义比较，它的优越性就在于能做到全国一盘棋，集中力量，保证重点。"在当代中国，优越的社会主义制度和崇高的协作精神是有机地结合在一起的。三线建设中的团结协作精神，表现为强大的动员能力、科学的组织能力、有序的协调能力，体现为思想的高度统一、领导的坚强有力、组织实施的协同一致。在党的领导下，全国各族人民围绕三线建设，集中各个方面的力量，全国一盘棋、上下一条心，高效执行、有力推进，充分发挥了"集中力量办大事"的效能优势，社会主义制度的优越性得到充分显示。

从投入人力、物力、财力看，攀枝花工业基地是三线建设中投入最大的项目。今天步入攀枝花这座 100 多万人口的城市，你很快就会发现一个特殊的现象，无论你来自哪里、讲何种方言，这里的人都无法判断你是本地人还是外地人。因为攀枝花街上人们的口音可谓千差万别，仅据口音，即使是地道的攀枝花人，也无法判断你是在本地就职的人还是外地人。出现如此独特的现象，还得从 20 世纪 60 年代的三线建设说起。60 年代初期，来自东北、华北、华中、华南等中国各地区的建设者们，在"备战备荒为人民""好人好马上三线"的时代号召下来到了攀枝花。所以如果你能回到 20 世纪六七十年代的攀枝花，就会得到这样神奇的体验：坐公交时乘务员用天津口音喊站；去政府部门办事听到一口京腔；在路边吃碗面，老板娘热情地给你浇上一勺巨辣无比的臊子；傍晚六点下班，成群的东北人从工厂里涌出来。可以说，攀枝花的开发建设，正是全国一盘棋、社会主义"特事特办""集中力量办大事"举国体制所结的硕果，是三线建设成功的典范。

习近平总书记强调："我们最大的优势是我国社会主义制度能够集中力量办大事。这是我们成就事业的重要法宝。"集中力量办大事是中

国成功破解许多发展中国家难以破解的难题的独特优势，是我们成就事业的重要法宝。同时，党带领人民集中力量办大事绝不是简单地依靠行政命令，而是形成了科学有效的机制。三线建设工程项目的成功实施，充分显示了中国具有集中力量办大事的制度优势。

四、勇于创新——三线精神的活力源泉

从汉唐盛世不断开辟的古代丝绸之路，到洋务运动开启的中国现代化进程，再到新时代着力构建人类命运共同体、全面扩大对外开放，创新精神根植于中华民族千百年来的实践，形成于兼收并蓄各种思想文化的有益成果之上。在三线建设过程中，始终有一股力量牵引着三线人砥砺前行。这股源于骨子里的创新精神，使我国在诸多领域实现了由"跟跑"到"并跑"再到"领跑"的转变。唯创新者进，唯创新者强，唯创新者胜，创新基因释放出巨大的能量。

成都东二环外，有一个叫作"东郊记忆"的地方，斑驳的老厂房、巨大的旧式火车头、密集的管道线路，都在诉说着成都三线建设时期的创新记记——这里曾经是始建于20世纪50年代的成都国营红光电子管厂，中国第一支黑白显像管和第一支投影显像管，均在这里诞生，曾有"北有首钢、南有红光"的美誉。

绵阳最具代表性的老工业区在跃进路，这里诞生了长虹、九洲、华丰等一大批国有大中型企业和军工科研单位。建设大三线，让绵阳借助国防工业建设拥有了一大批新建、迁建和扩建企业，拥有了一大批与之配套的科研机构，实现了兵器工业、现代冶金工业、电子工业等全面开花，为绵阳注入了强大的"创新基因"。岁月变迁、时代发展，三线概念或许会变得模糊，但创新精神却深深刻在绵阳军民的骨子里，成为推动国家科技城建设的强大动力。

都说成昆铁路沿线是铁路禁区，但那一代敢于拼搏创新的铁路建设者们却成了奇迹的创造者。1984年12月8日，纽约。冬日的阳光刺破曼哈顿清晨的浓雾，照亮了39层高的联合国大厦。上午10时，联合国官员在会议大厅里向全世界庄严宣告：成昆铁路象牙微雕艺术品、美国阿波罗号宇宙飞船带回来的月球岩石、苏联第一颗人造卫星模型分别象征着人类20世纪征服大自然的三项最伟大的成果，被评为联合国特别

奖。被联合国列为"20世纪人类征服自然的三大奇迹工程"的成昆铁路，是中国铁道兵打破"修路禁区"神话，用科技创新攻克成昆铁路沿线"世界地质博物馆"施工难题的杰作。

以成昆铁路为主题的牙雕

成昆复线是国家西部大开发"十三五"规划重点工程，复线的钢轨全部由攀钢独家供货。作为三线建设的重要成果，攀钢的发展史就是一部科技进步和自主研发的创新史。攀钢人在多年研发钢轨的过程中，坚持自主创新，攀钢钢轨从攀西裂谷源源不断地延伸到祖国的四面八方，铺到世界各地，串珠成线，连线成网。

第五篇

听·历史有声

时光荏苒，攀枝花这座因三线建设而生的英雄之城已年过半百，对于一个人而言可能已乐知天命，但对一座城而言，大概只能算而立。当年党中央一声令下，几十万建设大军数月内云集边远的大山之中，创造了共和国一段波澜壮阔的历史。"看似寻常最奇崛，成如容易却艰辛"，三线建设的那些人那些事已渐行渐远，但他们留下的丰厚的财富仍然滋养着共和国的后人，他们的事业还在继续，"艰苦创业、无私奉献、团结协作、勇于创新"的精神需要传承，共和国不会忘记。

当我们再次走近那段历史，聆听故事，细数过往，心生崇敬：三线建设博物馆、纪念馆，让我们可以全面了解那段历史，定生仰之弥高、钻之弥坚之情；如果觉得历史有距离感，那不妨到还原历史的场景中游走一番，"习风园背水小道"背桶水，过一趟跨江大桥……定能感同身受，思父辈不易而惜今之福气。当然，攀枝花怎能没有大工业生产的震撼场面？工业梯田兰尖、象牙微雕钢城的百米重轨和钢花飞溅、神秘的洞府明珠五〇三地下电厂……一定会给您不一样的人生体验。一一访之，必将获得感官和精神的双重收获。

一、中国三线建设博物馆:三线人的集体记忆

"花是一座城,城是一朵花"。如果您坐飞机从攀枝花市上空略过,您一定会看到阳光下熠熠生辉的一座建筑物——攀枝花中国三线建设博物馆。三层弧形台地抱拥着五棱多边形主体建筑,屋顶象征攀枝花的五个花瓣,整体建筑在群山环抱之中,骄阳映衬之下,自有一种铮铮铁骨的气质,正如这座建筑的主人,他们有一个共同的名字——"三线人"。

攀枝花中国三线建设博物馆

该博物馆是国内面积最大、展陈最全的三线主题博物馆,共三层,面积 8 500 平方米。展陈内容包括三线建设的历史背景、党中央的决策发动、十三省区三线建设的开展情况、三线建设推动发展的中西部城市和重点项目、三线建设的重中之重——攀枝花的开发建设、三线建设的调整改造和成就、三线建设的精神传承七大体系。

走近博物馆,您便能感受到它不凡的气度,侧壁上是毛泽东最朴

素、也是最有说服力的一句话"攀枝花建不成，我睡不着觉"，表达了当年建设攀枝花的重要性。

步入博物馆大门，首先看到的是攀钢捐赠的"五一号"蒸汽机车头。虽已退休，但这台"铁牛"当年曾为攀钢运载一车车矿料的雄风犹在，它的主人公满怀深情地留言："它见证了我的青春，围绕它工作了人生最青春的12年。"再往前，广场上陈列的三线军工企业生产的战斗机、装甲运输车、雷达车、坦克、高射火炮等武器装备，仿佛带领着我们穿越时空隧道，见证了新中国开国元勋和建设者们保家卫国的雄心。

步入大厅，气势宏大的英模手模墙撞入眼帘，细细看来，说不定哪位就是您当年一起奋战的伙伴，或者您的长辈、您的邻人，又或者就是您本人，顷刻间您会将自己融入这个三线人的"大阵"，继而带着敬畏之心细数过往。

第一部分：本土陈列馆

该馆位于五楼，综合展现了攀枝花地区的历史。

丰富资源："这里得天独厚！"当年邓小平的赞语今天世人已耳熟能详。说到得天独厚就不能不提攀枝花的钒钛磁铁矿，博物馆陈列了各种形态的矿物，还可以让您亲近，一小块磁铁矿石人人都觉得可以不费吹灰之力就搬动，但结果尝试后都会惊叹它的密度太大了。富含矿产的山体多"秃顶"，很多人误以为攀枝花天生为"不毛之地"，其实越过钒钛这个高光景物，攀枝花周围山地蕴藏着丰富的动植物资源，博物馆内您能看到四川乃至国家级保护动植物资源的形象材料，还有水力资源、水果资源等等的介绍。从而深刻理解为什么攀枝花会被誉为"富甲天下的聚宝盆"。

文化传承：这里分文明溯源、蜀滇要冲、民族走廊、融汇传承等几个部分介绍了攀枝花的历史过往。因为"七户人家一棵树"的传说广为流传，很多人误以为攀枝花市没有历史文化的传承，而博物馆溯源到新石器时期的实物展陈定能彻底打破游客的误解。攀枝花地处"藏羌彝文化走廊"腹地，金沙江流域中心，世代居住着汉、彝、苗、傈僳、白、傣、纳西、仡佬等多个民族，曾拥有众多自然和人文景观独特的村落，多元文化共存共荣、交相辉映。仁和花灯戏、迤沙拉俚濮谈经古乐、盐边县笮山锅庄舞不一而足，包容、独特的移民文化更具魅力。

今日风采：尾厅展陈"南向门户、阳光花城、钒钛之都"三个主题。馆内有一组定点取景的照片，展现的是从1965年至2015年"象牙微雕钢城"所在地弄弄坪的景象变迁，看完后游客便能深深领会为什么攀枝花被称为"活着的三线城市"。

第二部分　全国三线建设馆

三线建设重点在西南、西北，但却是一场集全国之力的会战，在贯穿三个五年计划的17年（1964—1980）中，国家在属于三线地区的13个省和自治区投入了2 052.68亿元巨资，约占全国同期基本建设总投资的40%。

攀枝花五万建设大军集会

该馆位于四楼，分为四个部分。

高天滚滚寒流急——三线建设的背景：20世纪60年代，中国周边局势紧张，新中国面临巨大的战争威胁，中共中央和毛泽东主席作出了在西南、中南、西北纵深腹地建立战略大后方的"三线建设"重大决策。该展厅汇集了大量珍贵的历史资料并用先进的声像技术手段展陈，带领参观者穿越历史，感受与家国血脉相通的"先天下之忧而忧"情怀。

鲲鹏击浪从兹始——三线建设的决策和发动：该展区展出了许多当年中央最高领导层关于开展三线建设的论述、批示等原件或影印件，在新中国历史上再也没有哪一个建设项目曾牵动过如此重量级的核心领导群体。展厅一角循环播出毛泽东主席促动三线建设的原话录音："搞三线要搞快些，建设要快，但不要潦草。三线建设不起来，我睡不着觉。""没有投资把我的工资和稿费拿去用。搞三线建设没有火车，坐汽车去，

三线建设之光
——英雄攀枝花的三线情缘

没有汽车可以骑毛驴去。""现在不建设第三线,就如同大革命时期不下乡一样,是革命不革命的问题。""三线建设必须要建成打不垮、炸不烂的工业基地。"……

"人才大囊括"展区展出了早期建设者的日常生活用品,有马灯、搪瓷碗等,还有"三转一响"(手表、自行车、缝纫机,收音机),以及两台脚踏风琴。这些老物件传递的信息是:参加三线建设的数百万建设大军,很多来自繁华都市,拥有优越的生活条件,但却以无私奉献的精神加入了国家艰苦创业的战队。

地动山河铁臂摇——"大三线"及"小三线"建设全面展开:三线建设涉及全国13个省、自治区,同时江西和上海是国家"小三线"建设的重点地区。该展区形象生动地展示了波澜壮阔的建设场面和重要成就,从图片与展陈实物中我们似乎还能听到当年的机器轰鸣。

三线建设工作场景复原图

风卷红旗漫如画——全国三线建设推动发展的城市和部分重点项目:钢铁基地攀枝花、西南煤都六盘水、卡车之都十堰……三线建设中,我国中西部崛起了一大批新兴工业城市,上海、重庆等老工业重镇也获得新生。炮弹、坦克、卡车、卫星、工业机械等实物展陈,震撼人心。1964年建成的刘家峡水电站曾被誉为"黄河明珠",地下大厅排列着5台大型发电机组，总装机容量为122.5万千瓦，达到年发电57亿度的规模；为修建"世界第一人工洞体"，整座大山被挖空，2002年4月国防科工委下达解密令，八一六地下巨型核军工洞与公众见面……

重庆八一六地下核工程

第三部分 攀枝花开发建设馆

1965年2月5日，中共中央、国务院正式批复，同意成立攀枝花特区人民委员会。3月4日，毛泽东在冶金工业部关于《攀枝花特区筹备及工作打算的书面汇报》上批示"此件很好"（原件展陈），这一天成为攀枝花的建市纪念日。因三线建设而生、而兴的一座崭新的城市出现在中国西南的崇山峻岭中。

本馆位于三楼，分为三个部分。

三线建设的"重中之重"——攀枝花大会战：中央号令1970年"七一"以前攀钢出铁、成昆铁路通车，"主攻两矿，拿下两厂，狠抓运输"（铁矿和煤矿，发电厂和水泥厂），几个月内数十万建设大军云集，一场夺铁大会战在攀枝花弄弄坪拉开序幕。该展区借助实物和蜡像还原了部分生产、生活场景：高天群山之下，军民共建，机械和肩挑背扛齐上阵的土建场面热火朝天；极其简陋的街边购物，看坝坝电影和干打垒的新华书店等场景展现了建设者们在物质生活极度匮乏的情况下仍然不放弃精神追求的境界;影音配合展陈的狮子山大爆破场面体验更是让参观者亲身过了一把爆破瘾;"三通一住"建设场景诠释了"先生产、后生活"的原则;原照、蜡像、实物相呼应的邓小平视察攀枝花在沙盘前指点江山的情景活灵活现;周恩来总理甚至将自己的雪佛兰轿车赠送给当时在崎岖山路奔波的交通指挥部指挥长刘秉温,原物展陈,令人感佩。

而今迈步从头越——三线建设的调整和成就:在该展区可以看到攀钢从"钢坯公司"到"钢材公司"再到"百米钢轨"助力"钒钛之都"的历程,也可以管窥大批三线企业的重生和振兴之路。重温旧梦的参观者总会忍不住指手画脚地说:"这个是我们生产的。""那个我熟悉。"骄傲之情溢于言表。

待到山花烂漫时——对三线建设的总结和纪念:三线建设已历时50余年,许多当年的建设者都已经相继离世,但他们不仅为后人留下了辉煌的业绩,更留存了"艰苦创业、无私奉献、团结协作、勇于创新"的精神食粮。展厅出口滚动出现的优秀建设者名单表明共和国不会忘记他们,而地上一串脚印让前来参观的青年们在接受精神洗礼后总会情不自禁地踏印而前。

二、三线建设纪念园:走过激情燃烧的岁月

2010年,在攀枝花建市45周年之际,占地3万余平方米的攀枝花开发建设纪念园建成。纪念园以"开拓、创业、移民"为文化内涵,由攀枝花开发建设大事纪碑、奇石碑林、"信箱"雕塑、英雄纪念碑四部分组成,以奇石碑林和雕塑等公共艺术表现形式记录和展现了攀枝花开发建设的历史进程,以此铭记那段激情燃烧的岁月。

第一部分:攀枝花开发建设大事记碑

纪念园里面的大事记碑用攀枝花特有的花岗石设计成造型独特的台历状。在35块花岗石上面,按照时间顺序依次镌刻着35条"攀枝花开发建设"的大事。台历第一页,1936年9月2日,地质学家常隆庆到攀枝花进行地质矿产调查,发现攀枝花储量巨大的钒钛磁铁矿,由此揭

开"攀西聚宝盆"的神秘面纱。第二、三页记载着毛泽东主席在1964年5月决定布局三线建设,并把开发攀枝花列为三线建设重点。一页页石制台历就像攀枝花前进的脚步,我们循着"时间的台阶"而上。1964年9月9日,中央10部委代表和云、贵、川三省负责同志在仁和大田召开现场联席会议,研究攀枝花钢铁基地的选址与规划问题,史称"大田会议"。此后,攀枝花建设迈入快车道。1965年2月5日,攀枝花特区人民委员会成立,很快特区改为渡口市。1965年3月4日是攀枝花人民永远铭记的日子,毛泽东在《攀枝花特区筹备及工作打算的书面汇报》上批示"此件很好",攀枝花市由此将这一天定为攀枝花开发建设纪念日。1965年11月30日,时任中共中央书记处总书记的邓小平视察攀枝花,他亲自审定了攀钢建设方案,批准弄弄坪厂址,称赞"这里得天独厚",攀枝花钢铁厂建设拉开大幕。经过5年艰苦卓绝的建设,1970年7月1日,"攀钢一号高炉出铁"和"成昆铁路通车"同时向党的生日献礼。1971年5月21日,在周恩来总理亲自指挥下,朱家包包铁矿狮子山万吨大爆破成功起爆,成为我国工业史上空前的爆破壮举。1971年4月1日,攀钢雾化提钒试验成功,为攀枝花钒钛磁铁矿综合利用闯出了新路。从1978年2月起,方毅副总理先后8次亲临攀枝花,有力推动了攀枝花的资源综合利用工作。

攀枝花开发建设大事记碑

日历翻到改革开放后,攀枝花的开发建设进入新时期。1980年10月,攀钢实行上缴利润总额包干承包责任制,开我国大型国有企业实行经营承包之先河;1982年9月,时任中共中央总书记胡耀邦视察攀枝花,要求不能忘记攀枝花的建设者们。随后,"艰苦创业、无私奉献、开拓进取、团结协作、科学求实"的攀枝花精神被提出。1987年1月23日,经国务院批准,渡口市更名为攀枝花市。1991年4月18日,时任中共中央总书记江泽民视察攀枝花,为二滩水电站建设"画龙点睛",5个月后二滩水电站开工建设,1998年8月第一台机组开始并网发电。1997年3月,历时11年,投资93.59亿元的攀钢二期工程建设全部项目竣工投产。1998年7月17日,攀钢(集团)公司五氧化二钒工程高钒铁生产投产,中国成为世界上第二大产钒国。1999年4月18日,时任中共中央总书记江泽民再次视察攀枝花,为攀钢提出新的奋斗目标。

进入新世纪,攀枝花迎来转型发展新机遇。机场通航、高速公路和动车组通车,被授予"中国优秀旅游城市"和"中国钒钛之都"荣誉称号,攀枝花正大步走向更加美好的未来。

第二部分：奇石碑林

奇石碑林由一组天然奇石构成,其主石外形似一枚产自攀枝花的亚热带水果,寓意攀枝花开发建设硕果累累,成就辉煌。碑林将党和国家领导人有关攀枝花建设的谈话及批示和题词的内容、名人所作有关攀枝花的诗词和题词、攀枝花三线建设者的豪言壮语进行了展示。

1. 党和国家主要领导人有关攀枝花建设的批示和题词的内容

20世纪60年代,一代伟人毛泽东提出三线建设的宏伟构想。关于攀枝花的建设,毛泽东有一系列指示。其他党和国家领导人周恩来、邓小平、胡耀邦、江泽民等也做了批示和题词。

毛泽东对攀枝花三线建设的指示集中在1964至1965年间,而且语气也显得最为急迫。他曾多次强调:"把攀枝花钢铁厂建起来,建不起来,我睡不好觉。""建不建攀枝花不是钢铁厂问题,而是战略问题。""现在不建设第三线,就如同大革命时期不下乡一样,是革命不革命的问题。""攀枝花建设要快,但不要潦草。"1968年5月28日,周恩来总理接见中央办的学习班四川班学员时指出:"三线建设,渡口很好。"1965年11月30日至12月2日,邓小平视察攀枝花,盛赞"这里得天独厚"。1982年9月20日,胡耀邦视察攀枝花时指出:"渡口工作是有成绩的,许多同志在这里奋斗了十几年、二十几年,是有贡献的,党是不会忘记他们的，也不应该忘记他们。"1991年4月18日，江泽民视察攀钢时题词："努力把攀钢建设成为现代化的钢铁钒钛基地。"

2. 名人有关攀枝花的诗词和题词

在三线建设时期，一些领导、专家、学者来到攀枝花视察、指导工作，留下了赞美攀枝花的诗词和题词。

1966年3月，彭德怀元帅视察攀枝花，即兴作诗：天帐地床意志强，渡口无限好风光；江水滔滔流不息，大山重重尽宝藏；悬崖险绝通铁道，巍山恶水齐变样；党给人民力无穷，众志成城心向党。1966年4月，郭沫若题于立群画：万千军号出战场，渡口英雄自八方。女尽金花男闯将，要教熊虎并投降。1975年3月，华罗庚参观攀枝花时赋诗：多去西南峥嵘地，少去江南鱼米乡。身生故乡非不爱，更爱三线炼人场。1975年6月，赵朴初参观攀枝花，题诗：英雄花开花满山，千树万树焕童颜。要叫四海翻红浪，谁道高枝不可攀。1985年5月，邓力群视察攀枝花，题词：艰苦创业，奋发向上。1987年5月，方毅视察攀枝花，题词：瑰耀南国。1988年12月，胡乔木视察攀枝花，题词：攀枝花精神永葆青春，永放光芒。1995年2月，乔石视察攀枝花，题词：继续发扬艰苦创业精神，深化改革扩大开放发挥优势，建设现代化工业基地。1997年6月，李鹏视察攀枝花，题词：奋发努力，实施金沙江、雅砻江梯级开发，建设中国西南部强大的能源基地。

3. 攀枝花建设者的豪言壮语辑录

攀枝花三线建设者在深山峡谷中落地生根，开枝散叶，他乡作故乡，谱写了一部感天动地的建设史诗，留下了许多气吞山河的豪言壮语，创造出令世人瞩目的成就和奇迹。"建设好攀枝花，让毛主席睡好觉""不想爹，不想妈，不出铁，不回家""献了青春献终身，献了终身献子孙""三块石头架口锅，帐篷搭在山窝窝""天是罗帐地是床，澡堂就在金沙江"。这些朴实而又满怀深情的话语，是三线建设者精神世界的深刻写照。

第三部分：秘密"信箱"的故事

三线建设一度是国家机密。出于保密需要，1965年至1974年间，渡口的领导机关和主要建设单位都以"信箱"编号代称。现在的攀枝花留下了诸多信箱代号的地名，比如九附六、九附二等等，让初来乍到的

三线建设之光
——英雄攀枝花的三线情缘

渡口一号信箱雕塑

外地人一头雾水。为表现这段历史，纪念园共设计制作了九个"信箱"雕塑。它们以创业初期的生产工具或机械设备为创意元素，并与"信箱"造型相融合，以此展示攀枝花那段"信箱"历史。

渡口一号信箱是攀枝花工业基地建设总指挥部的代称，成立于1965年2月。它主要承担攀枝花工业基地建设的领导工作，对攀枝花工业基地建设实行全面的指挥调度。二号信箱是冶金建设指挥部的代称，它主要承担攀枝花钢铁厂的建设和矿山的勘测任务，1966年6月正式成立冶金工业部第十九冶金建设公司，现为中冶实久建设有限公司。四号信箱是煤矿建设指挥部的代称，它主要承担攀枝花工业基地宝鼎山矿区的煤矿建设和煤炭开采任务，后更名为渡口矿务局、攀枝花矿务局，现为川煤集团攀煤公司。六号信箱是电力指挥部的代称，主要承担攀枝花工业基地电厂的勘测、设计等任务。九号信箱是交通建设指挥部的代称，是攀枝花市交通局的前身。十号信箱是建工指挥部的代称，现为攀枝花市规划和建设局、攀枝花市城市管理局。三十号信箱是矿山指挥部的代称，现更名为攀钢（集团）矿山公司。十七号信箱是林业指挥部的代称；三四信箱是东风钢铁公司（攀钢前身）的代称，成立于1969年3月，信箱代号源自毛泽东著名的"三四"批示，主要承担攀枝花工业基地的钢铁冶炼、钢材轧制等生产任务，现更名为攀枝花钢铁公司。

在三线建设时期，工地商店、工地医院、五大车队、铁道兵五师和西南钢铁设计院等单位的建设者们付出了艰苦卓绝的努力和巨大的牺牲。

第四部分：攀枝花英雄纪念碑

攀枝花英雄纪念碑位于纪念园的中心，背靠巍巍的景视山，面向滔滔的金沙江。英雄纪念碑由纪念碑主体、群雕和浮雕等七项构筑物组成。纪念碑碑座为红色花岗石贴面的五边形，象征着攀枝花的建设者来自五湖四海，也表示一朵抽象的攀枝花，正面雕刻着220个字的铭文，献给建设攀枝花的英雄们。纪念碑碑体是由钢筋混凝土现浇、汉白玉贴面的三个"人"字形构成，三人为"众"，表示攀枝花是众多的建设者艰苦创业的硕果。碑体金色的球体表示金色的太阳，是攀枝花"太阳城"的象征，也象征着在开发建设攀枝花的过程中，建设者们用青春、汗水乃至鲜血和生命熔铸而成的闪光的攀枝花精神，还象征着攀枝花钢铁钒钛和能源基地，表明攀枝花是金沙江畔一颗璀璨的明珠。整个纪念碑高26米，表明此碑是在攀枝花市建市26周年之际落成。

三线建设时期，攀枝花承载强国梦想，肩负国家使命，成为我国大三线建设的成功典范。历史渐行渐远，但珍藏于岁月深处的理想与信念，仍将支撑并激励这座英雄城市的一代代建设者们砥砺前行。

三、百米重轨生产线：攀钢的世界速度

在所有三线建设项目中，最让毛泽东主席牵挂的就是攀枝花钢铁厂的建设，曾先后多次作出重要指示。

1964年伊始，数以万计的建设者带上简单的行囊，有组织地涌至金沙江畔，在没有城市依托、不通铁路、气候恶劣、物资奇缺的艰难条件下开始建设攀枝花钢铁基地。建设者们仅仅用了5年时间，就在人烟稀少的高山峡谷中建起了一座举世瞩目的钢铁联合企业。攀钢的兴建和发展，是三线建设和改革开放两个时期重要的成果，揭开了中国西部工业尤其是钢铁工业发展史上的一个辉煌篇章，开创了中国冶金工业发展史上的一个崭新的纪元。

攀钢是中国人自力更生建设的有着丰富资源作依托的大型钢铁企业，在中国经济社会发展和国防安全上都具有极其重要的战略地位。风云半世纪，奋起五十年。今天的攀钢已经是中国西部地区迄今为止最大、最具发展前途、最富经济影响力的大型钢铁企业，也是中国500家大型企业之一。今天的攀钢以钒钛资源的综合利用和重轨享誉世界，受到国内外冶金行业的高度重视。

三线建设之光
——英雄攀枝花的三线情缘

攀钢百米重轨生产线

在中国钢铁工业发展过程中攀钢体现出三大鲜明特点：

第一，攀钢是迄今为止中国唯一依托配套资源而建的大型钢铁企业。攀钢所在的攀西地区是一个富甲天下的"聚宝盆"，尤其是攀枝花地区有着丰富的钢铁企业所需配套资源和能源。资源完美配套的钢铁生产基地在中国仅有此处，攀钢的资源完全配套，可以就地开采，就地冶炼，就地成材。1965年邓小平视察攀枝花期间，指出攀钢的建设"金木水火土"五行齐备，赞叹在此发展钢铁工业"得天独厚"。攀钢正是建立在这样一个资源富集的"聚宝盆"上从而得以迅速发展壮大。

第二，攀钢是完全靠我国自力更生建设起来的大型钢铁企业。中国大型钢铁企业大多是依靠国外的资源、技术和设备帮助建设起来的，唯有攀钢是完全依靠中国人自己的力量，自行设计、自制设备、自己开发工艺建设起来的。从设计到建设集中了我国最优秀的科技工作者和最能吃苦耐劳的工人群众，凭着建设者们的智慧和气魄，建设起占地仅2.5平方公里、吨钢占地面积仅1平方米的"象牙微雕钢城"。生产设备97%以上是我国自行设计，其中大部分是国内首创。在生产工艺上首创了普通大型高炉冶炼高钛型钒钛磁铁矿，雾化提钒为世界首创工艺。可以毫不夸张地说，攀钢的建设是中国经济建设史、中国工业发展史乃至世界冶金发展史上一次空前的壮举。

第三，建设攀钢没有城市依托，而是依靠企业的建设为基础发展城市。攀钢位于中国西南边陲金沙江畔的深山之中，在开发之前人烟稀少、物产贫乏。不仅远离大城市，而且远离小集镇，临近的云南省永仁县仁和镇距此也有二十公里之遥，建设者的衣、食、住、行都面临着极大困难。由于没有城市依托，生活和生产的基本条件极差，各类条件的欠缺和建设者们经历的艰苦可想而知。不要说生产设备的运输极为困难，就是工人所需的基本日常生活用品也只能靠肩挑背扛。就是在这样的艰难困苦下建设起了一座大型钢铁企业，聚集了职工、家属十几万人。以后，又以企业为依靠，建设起了一座令世人瞩目、初具规模的新兴工业城市。

以上三个特点，是攀钢建设的经验也是巨大的建设成就，是新中国宏伟大业的一个组成部分。攀钢是在异常艰苦的条件下用最少的投资、最短的时间、最小的占地面积建设起来的一座钢铁之城，更是一个奇迹。

从攀钢的建设发展历史中，我们不难得出如下四个方面的启示：

第一，由攀钢的建设和发展可以看到社会主义的优越性。社会主义的优越性不仅仅在于单个的企业能够创造好的经济效益，更重要的在于能够发挥整体优势，并能通过各方面优势互补形成整体效益，能够集中力量办一些大事。攀钢的建设和发展，就是这种整体优势所带来的整体效益的集中体现。20世纪60年代初，国家的经济处于三年困难时期后的恢复中，加上国外经济和技术的重重封锁，要建设这样一个大型钢铁企业非常困难。只有发挥整体优势，集中多方面的力量，得到全国上下的大力支持，才能克服种种困难。三线建设者们在一片荒野中，用短短的几年时间就建设起一个现代化的大型钢铁企业。这最充分地体现了社会主义可以集中一切人物、物力、财力办大事的优越性。攀钢这样的例子，在中国建立社会主义制度前没有，在资本主义社会中也没有。攀钢的成功是在中国的社会主义制度下实现的。

第二，由攀钢的建设和发展可以看到中国共产党的卓越领导。攀枝花地区丰富的矿藏资源和由此将会对西部经济发展带来的巨大作用，并不是共产党执政时才发现的，早在20世纪30年代这里的矿藏资源就被发现了，许多有志者和国民政府也曾试图开发，但终究未能将想法变成现实。新中国成立初期，人民政府就开始着手进行勘测和利用，最终在三线建设时期实现大规模开发。不仅如此，由攀钢的建设与发展，我们还看到了中国共产党所具有的强大的号召力和卓越的领导才能。甚至在很大的程度上，攀钢的建设与发展，可以说就是依靠的中国共产党在全国人民心目中的威望。

第三，由攀钢的建设和发展可以看到中国知识分子的智慧。攀枝花的矿藏曾被外国的科技人员宣布为"呆矿""死矿"，断定为没有开采价值；攀钢的冶炼提钒曾被外国科技人员断定是不可攻克的技术难关。但是，这一切都被中国人尤其是中国的知识分子用事实否定。我们不仅开采出了极富价值的宝藏，创造出了雾化提钒的技术而且自行制造了一整套先进的设备，刷新了冶炼技术的一整套工艺。攀钢的建设和发展史就是新中国知识分子为祖国奉献智慧的壮丽诗篇。

第四，由攀钢的建设和发展可以看到中国工人阶级的大无畏气概。攀钢的工人阶级不仅奉献了自己的青春，奉献了自己的终身，而且奉献了自己的子孙。他们在过去所做出的奉献，换回了一座年产200万吨的钢铁企业，他们认为值得；他们在今天的奉献也只为着一个目标，就是要建设中国现代化的钢铁钒钛基地。攀钢建设初期，生产和生活条件异常艰苦，工人队伍毫无怨言地就闯过来了；攀钢投产时间紧，技术要求严格，但工人阶级无所畏惧地过来了；55年来，不管竞争多么激烈，市场压力多么巨大，攀钢的工人仍然满怀信心地挺了过来。当年攀钢总经理赵忠玉那句"干好了喝庆功酒，干砸了喝卤水"的誓言还余音绕梁，攀钢在人民大会堂向国际银团贷款建设二期造就辉煌的历史画面仍历历在目。

第一代攀钢人在那个特殊的年代，通过艰苦的奋斗，仅用5年时间就在一片不毛之地上建成了年产150万吨的钢铁厂。开矿50年，总共采出矿量3.5亿吨，相当于载重60吨的火车车厢首尾相连绕地球赤道8圈。攀枝花钢铁厂一度是攀枝花的支柱产业，然而，从20世纪90年代起，钢铁价格一路下滑，产能过剩成为各家企业共同面临的难题。在改革转型的这条路上，攀钢人抓住国内高铁发展的有利时机，将重新腾飞的机会放在了高速铁路所用道岔轨和百米钢轨上。攀钢人依靠科技的力量攻坚克难，实现了前所未有的突破。攀钢钢轨已广泛应用至我国各条高速铁路、重载铁路和城市轨道交通等领域。除国内市场外，攀钢钢轨还远销30多个国家和地区。新时代的攀钢以世界一流品牌钢轨为目标，打造最优钢轨生产线和智慧工厂，高品质的攀钢钢轨正助力中国高铁全面走向世界。

四、大田会议：绘制攀枝花建设蓝图

攀枝花市仁和区（原属云南省永仁县）有一个地方，田土狭窄，沟壑纵横，却有一块 40 多亩的大水田，大田镇因此得名。在大田镇街道东面斜坡上，坐落着一座 20 世纪五六十年代建筑风貌的四合院，主楼为青瓦白墙、红栏砖木结构的两层木板楼，上下 18 间，占地面积约 4 000 平方米，是当时仁和最好最漂亮的建筑，原为 1962 年修建的拉姑林业局办公楼和宿舍。1964 年 7 月，为了迎接中央十部委联席会议，拉姑林业局响应号召搬出办公楼，中央十部委在这里召开制订攀枝花建设规划的重要会议，这就是大田会议旧址。

大田会议旧址

攀枝花位于攀西大裂谷腹心，位置偏僻但资源丰富。1958 年中央把开发攀枝花资源项目正式列入国家建设计划，攀枝花的开发建设开始酝酿筹备。1964 年，由于我国周边局势风云突变，国家决定把攀枝花列为西南三线建设的重点，将其建成大型钢铁工业基地，彰显了党中央对攀枝花的高度重视。周恩来总理指定国家计委常务副主任程子华为西南工作调查组组长，全面负责调查规划组织工作。6 月 23 日，程子华率领部委相关负责同志和有关专家 100 多人组成攀枝花调查组从成都出发，深入攀枝花地区考察周围的资源情况并选择厂址。7月初，攀枝花调查组成员陆续进驻大田，将拉姑林业局作为办公场所和宿舍，并将其定为"四川招待所"，专门接待各地领导和建设者。大田迎来了首批进驻攀枝花的三线建设领导者和建设者。他们白天冒着炎炎夏日翻山越岭做调查，晚上在蚊虫叮咬中热烈讨论，经过近一个月的共同努力，攀枝花建设方案初步形成。8月18日，调查组返回中央向周恩来总理、李富春主任汇报攀枝花调查规划情况和厂址选择问题，两位领导对工作组"厂址初定弄弄坪，继续找点比较，统一规划，多点布局"的意见表示赞同。根据两位领导的指示，调查组再次组织人员开展攀枝花基地的继续选点和进一步规划工作。

经过调查组成员不畏艰辛地反复勘察和前期准备，1964年9月9日，在仁和原拉姑林业局机关所在地，正式召开了制订攀枝花建设规划的重要会议。与会代表围着会议桌而坐，正前方是国家计委副主任程子华，旁边依次为中共中央西南局书记阎秀峰、冶金部副部长徐驰、铁道部副部长钱应麟、地质部副部长旷伏兆、粮食部副部长邓飞、水电部副部长张彬、煤炭部副部长钟子云、交通部副部长肖民、一机部副部长沈鸿等10个部委领导和四川、云南、贵州三省有关负责人员及各领域专家、科技人员，共180余人。参会人员积极支持中央工作，分别从自己的专业领域发表有助于攀枝花建设的观点，大家共同探讨攀枝花继续选点和进一步规划问题。各部委负责同志结合本部门情况，提出在支持攀枝花建设中能提供的人力、物力保障及存在的困难。会议由程子华主持，阎秀峰传达周恩来、李富春关于基地选点和规划的指示，并对继续选点和进一步规划工作做了安排。会议研究确定了攀枝花工业区的规划和选定弄弄坪为攀枝花钢铁厂厂址的建设方案，史称"大田会议"。会后，攀枝花大规模的开发建设由此拉开，开启了攀枝花新的历史征程。9月11日，中共中央批准成立西南三线建设筹备领导小组，该小组由西南局、四川省、云南省、贵州省及中央各部15人组成，李井泉任组长，程子华、阎秀峰、蒋崇璟任副组长。筹备组下设：以攀枝花为中心的工业基地规划工作组、以重庆为中心的常规兵器工业配套工作组和钢铁厂选址工作组。程子华、阎秀峰负责以攀枝花为中心的工业基地规划，蒋崇璟、鲁大东负责以重庆为中心的常规兵器工业配套，徐驰负责钢铁厂选址。大田会议上，中央10个部委和云、贵、川三省领导齐聚于此，共商一个地方的建设问题，这在中华人民共和国的工业建设项目上是仅有的，体现了中央对开发建设攀枝花的关心和重视，奠定了攀枝花在三线建设时期的重要地位。

大田会议会址是攀枝花建设之"心"，建设之初的每一项工作安排都从这里决策和发出。大田会议初步确定弄弄坪为攀枝花钢铁厂厂址，提出攀枝花钢铁基地建设和规划初步方案，揭开了攀枝花开发建设至为关键的一页。会后，攀枝花建设大会战的序幕徐徐拉开，攀枝花美好的蓝图从这里诞生。

走进大田会议纪念馆，四棵高大古老的象耳树出现在眼前，它们见证了无数的三线建设者跋山涉水，来到祖国大西南的深山峡谷，用艰辛、血汗和生命，把一片荒野之地建设成攀西明珠的过程。当年这些建设者们怀着保家卫国的革命热情来到祖国大西南，在恶劣艰苦的环境中无私地奉献才华、心血和青春。他们拼命工作、努力奋斗，有的人多年不回家探亲，放弃了与父母妻儿团聚的机会；有的人积劳成疾、疾病缠身，但为了国家利益，无怨无悔。先辈们建设攀枝花的故事如今依然随处可寻，他们为了祖国美好的未来奉献了青春，甚至献出了生命。旧址院内矗立的一座原生态攀枝花奇石，左看像群山起伏，气象万千，右看又像航行于海上之船，乘风破浪；细看恰似一组攀枝花建设者的群雕，斗志昂扬！

纪念馆由三线钢铁基地资源调查陈列室、规划选址陈列室及三线文献史料陈列室和三线票证陈列室等展厅组成。二楼专门设计布置了一个还原大田会议的场景，摆置有会议桌、座位牌，墙上贴着出席大田会议的领导人照片。一幅幅珍贵的资料图片，一件件厚重的历史物件，见证了攀枝花从荒芜之地发展为现代钢城的辉煌历程。

驻足于这些承载着攀枝花三线建设红色记忆的文物资料前，抚今追昔，仿佛又回到了半个世纪前那段激情燃烧的岁月，数十万攀枝花建设者在此战天斗地，为了保家卫国而忘我地奋斗着。大田会议遗址，现为省级文物保护单位和攀枝花市爱国主义教育基地。

五、十三栋：见证伟人的决策

攀枝花市东区大渡口有一栋两层青砖小楼，在大批新建高楼间，显得尤为醒目，这座小楼旧名"十三栋"，现为攀枝花开发建设纪念馆。

十三栋总占地面积 2 100 平方米，建筑面积 1 854 平方米，其中展厅面积 400 平方米，馆藏文物 1 000 余件，几乎都是攀枝花三线建设初期的珍贵历史资料。十三栋是攀枝花三线建设的早期代表性建筑之一，见证了攀枝花三线建设的决策过程，具有重要的历史文物价值。

"十三栋"旧址

走进十三栋，一幅幅图片好像把时光定格在了那个遥远的年代，让我们仿佛又看到一幕幕早已消失却又铭记于心的场景：邓小平吸着香烟，站在攀枝花钢铁厂选址模型前陷入沉思；阳光下，彭德怀在二楼阳台上用望远镜观望江对岸热火朝天的弄弄坪建设现场；夕阳中，方毅边剪头发边与理发师李定生亲切地聊着家常；在十三栋门口的台阶上，一群朝气蓬勃的女孩正在合影，她们中有攀枝花建设初期的"六朵金花"；1970 年 6 月 29 日，攀钢第一炉铁水出炉；1975 年，一个配套完整的钢铁基地屹立在中国西南深山之中……

十三栋原为中共渡口市委招待所。1964 年攀枝花开始大规模建设，为了让来自全国各地的建设者们进得来住得下，云南省建设公司奉命在大渡口南岸山坡上修建起一些干打垒房屋，共有 16 栋，总建筑面积 11 000 平方米，俗称"万米招待所"。这批房屋依序而建，唯有第十三栋为一楼一底青砖瓦房，主要用于接待党和国家领导人。十三栋接待过邓小平、胡耀邦、彭德怀、彭真、贺龙、郭沫若、方毅等党和国家领导人，中央各部委负责人、知名人士共计 100 余人到攀枝花指导工作时也住在这里。

1964 年 9 月，全国计划工作会议正式提出：用 7 到 8 年时间，在地处西南地区的攀枝花初步建立起一个比较完整的包括冶金、机械、化工、燃料等主要工业部门的基地。攀枝花以其丰富的矿产资源被列为西南三线建设的重点，毛泽东等党和国家领导人对攀枝花的开发建设给予了最大的关注和支持。1965年11月30日至12月2日，时任中共中央书记处总书记的邓小平代表党中央和毛泽东亲赴攀枝花视察工作、指挥建设，可见当时中央高层对攀枝花的重视程度。重任在肩的邓小平来到攀枝花，下榻于十三栋的205号房间。现在房间里的藤制沙发、茶几、三抽桌、木制衣架、蓝布窗帘、棕绷床、布床单等设施依然如旧。十三栋的二楼会议室多次举行过重大会议，而且经常开会到半夜三更，但参会的每个人却始终精神抖擞，这种"拼命三郎"式的工作作风在当时很普遍。

邓小平居住过的205号房间的会客室

在十三栋的会议室里，邓小平面对攀枝花工业基地建设大沙盘模型，认真听取各方面的汇报，仔细审定钢铁厂的选址和攀枝花钢铁基地建设的总体方案，并代表中央做出最后的决定。在邓小平即将离开攀枝花前的12月2日上午9时，他抓住有限时间，站在十三栋门前空地上给部分干部做了一场精彩的形势报告。主席台就是山坡台阶，没有桌椅和扩音设备，穿薄棉袄的小平同志精神饱满地发表了30分钟热情洋溢的讲话。邓小平向大家做了关于国际国内形势以及建设攀枝花重大意义的报告，在座的200余名建设者不时发出一阵又一阵的热烈掌声。这些奋战在三线艰苦环境中的建设者，秉持着对党和国家革命事业的无比忠诚，对上级的指示精神不折不扣地贯彻执行，以冲天的革命干劲和乐观的革命主义精神在攀西裂谷这片热土上忘我劳动，无私奉献，艰苦创业。

当年建在大渡口半山腰上的"十六栋"，"十三栋"是其中的一栋

邓小平在攀枝花尽管只有短短两天多时间，却对攀枝花的开发建设起到了至关重要的作用。是邓小平在深入调查研究的基础上，一锤定音批准了攀枝花钢铁厂的建设方案，确立了整个攀枝花工业基地的基本布局，直接促进和加快了攀枝花的开发建设。

对处于祖国大西南的攀枝花来说，1966年3月31日是一个特殊的日子，作为三线建委第三副主任的彭德怀元帅来到了攀枝花。他乘坐着斯大林赠送给他的那辆苏式吉姆车，在暮色朦胧中驶过横跨在金沙江上的铁索桥，直朝十三栋开去。在攀期间，他双手叉腰站在招待所的屋子里，像审视临战前的作战部署一样，全神贯注地看着面前的攀枝花钢铁厂沙盘模型，仔细地听着攀枝花特区党委第一副书记李非平的介绍。而后他又站在十三栋门前，举起望远镜朝对岸的弄弄坪望去，对面建设工地上一片沸腾，机声隆隆，炮声阵阵，喇叭声声，几十万建设者正在将这里的山峦铲平，沟壑填起，他仿佛看到了一座耸立着的现代化钢城。他走进工地，深入群众，与三线建设职工亲切交谈，解决了许多实际问题，提出了许多好的建议，为攀枝花三线建设指明了方向。

攀枝花三线职工不畏艰难、改天换地的精神深深地感动着彭德怀元帅，在将要离开攀枝花的4月1日深夜，他毫无睡意，坐在十三栋203房间的书桌旁赋诗一首："天帐地床意志强，渡口无限好风光；江水滔滔流不息，大山重重尽宝藏；悬崖险绝通铁道，巍山恶水齐变样；党给人民力无穷，众志成城心向党。"

十三栋是攀枝花三线建设的重要决策地，邓小平在此审定攀枝花钢铁工业基地的建设方案，攀枝花开发建设的热潮从这里升腾而起。这里的一砖一瓦见证了攀枝花开发建设的光辉时刻，也向现在的来者默默地诉说着那段峥嵘岁月。十三栋现在已经成为市爱国主义教育基地和省级文物保护单位，将被人们永远铭记。

十三栋接待过的中央领导（部分）

领导人	时任职务	视察时间	所住房间	领导人	时任职务	视察时间	所住房间
邓小平	中共中央书记处总书记、国务院副总理	1965.11.30—12.2	205	阿沛·阿旺晋美	全国人大常委会副委员长	1975.6.20—6.22	105
余秋里	国务院副总理	1965.11.30—12.2	209	方毅	国务院副总理	1978.5.15—5.20	205
谷牧	国务院副总理、国家建委主任	1965.11.30—12.2	203	胡耀邦	中共中央总书记	1982.9.19—9.20	205
彭真	中共中央政治局委员、全国人大常委会副委员长	1966.2.25—2.27	203	李鹏	中共中央委员、水电部副部长	1982.9.19—9.20	105
贺龙	中共中央政治局委员、国务院副总理	1966.3.15—3.16	103	钱伟长	全国政协常委、民盟中央副主席	1984.4.27—4.30	203
彭德怀	共和国元帅、西南三线建设委员会副主任	1966.3.31—4.2	203	乔石	中共中央政治局常委、中共中央纪律检查委员会书记、国务院副总理	1988.2.9—2.11	207
郭沫若	全国人大常委会副委员长、中国科学院院长	1966.4.27—5.3	209				

六、兰尖铁矿：城市原点的故事

中国西部地区最大的露天铁矿——兰尖铁矿，被誉为"攀钢钢铁粮仓的原矿基地"，位于攀枝花市东区雅砻江与金沙江交汇处。整个矿区占地面积19.9平方公里，主要采用露天开采方式，开采时从山顶往下层层剥离，状若梯田，故而得名"工业梯田"。兰尖铁矿在开发建设中备受上级领导的关心和关怀,是各级领导人视察最多的一座矿山。1965年开始,就有邓小平、彭真、贺龙、方毅等一批中央领导人亲临兰尖视察和指导工作,其中1965年12月1日,邓小平同志到达攀枝花后的第一个活动就是到兰尖铁矿视察。

"工业梯田"兰尖铁矿

1971年震惊中外的狮子山万吨大爆破,掀开了兰尖铁矿的神秘面纱,开启了兰尖铁矿建设之路。狮子山的矿石储量占矿区总储量的82.8%,要想开采就必须剥离掉狮子山120米的岩石,因爆破要用到上万吨的炸药,所以狮子山大爆破受到了中央高度关注,整个爆破方案由

狮子山大爆破

周恩来总理亲自批准。爆破共调动了全国八大矿山的两万余名精英参与。爆破前期需要填埋炸药，由于填埋炸药的空间狭小，必须要两个工人同时配合才能完成，当时工人们仅用13天时间就把1万吨炸药层层填埋在上万个炸药箱里。1971年5月21日，指挥部一声令下，只用了2秒钟时间，巍峨的狮子山就被夷为平地，爆破强度相当于4.2级自然地震，是我国矿山建设史上迄今为止最大的一次爆破。兰尖矿山人就是用这种"天塌下来我来顶，地陷下去我来填；立下愚公移山志，炸平铁矿狮子山"的英雄气概，为百里钢城的建设提供了源源不断的"食粮"。

1940年，踏勘先驱常隆庆和刘芝祥等在兰山和尖山脚下一棵巨大的攀枝花树旁发现了铁矿露头，正是两块小石头促使他们发现这片大宝藏。经过长达十余年的勘察，1956年国家地质部确证这里是一个巨型铁矿床，具有十分巨大的工业开采价值。如今，市区密地大桥北至小攀枝花的这段道路被命名为"隆庆路"，常隆庆的塑像矗立于攀枝花市的金沙江畔，位于瓜子坪攀钢矿业公司前的公园被名为"隆庆公园"，以此纪念攀西矿产资源的发现者常隆庆，让他重回原点广场，站在他第一次发现矿石的地方，继续守护着身后的兰尖。

兰尖辖区居民大多数是来自五湖四海支援攀枝花三线建设的原兰尖铁矿职工和家属，因此得名兰尖社区。这里的居住者以老一辈三线建设者为主，是一个三线文化底蕴深厚的老旧工矿小区。社区三线文化长廊名为"英雄攀枝花"，长廊融入了三线建设时期的景观和口号，是小区里面的一道风景线，人们也把它叫作兰尖特色文化街区。这条街区既是居民的休闲娱乐阵地，也是宣传三线精神的文化阵地，更是大家忆古思今的好去处。长廊里大量有关三线建设的标语仿佛把我们又带回了那个年代。辖区内还有几位特别爱讲故事的老同志，他们是三线建设的亲身经历者。为了让更多人了解兰尖铁矿的历史，教育年轻一代人继续传承和发扬三线精神，兰尖社区搜集居民捐赠的三线建设时期的物品、照片，结合老人口述三线建设故事，成立了属于兰尖人自己的微型博物馆"兰尖故事"。

博物馆内的展品除兰尖铁矿盛产的各种矿石外，主要就是兰尖铁矿建设初期的照片、报刊、书籍，各种证书、奖状，生活用的马灯、水盅、水壶，当时生活中常见的粮票、油票等票证。展品全部来自辖区居民和兰尖铁矿，每一件物品后面都有一段兰尖人的记忆和故事。人物馆有全国劳模赵清志、四川省劳模夏德碧和潘红模的资料专柜，墙上布设三线建设时期为兰尖铁矿发展做出贡献的普通工人群众的照片。当年的三线援建者大多已步入老年，昔日的兰尖拓荒往事也逐渐变得遥远，但"兰尖故事"博物馆却能让奋进者的故事、兰尖精神以及兰尖文化代代相传。社区党委专门组建了一支由老劳模、老党员、学生及社区干部参与的"兰尖故事"志愿讲解队伍，其中年龄最小的16岁，最大的85岁。老中青三代人让历史"开口说话"，将兰尖的精神文化永远传下去。

一座城市就是一个博物馆。"兰尖故事"博物馆承载着对攀枝花三线建设的记忆，建馆是为了讲好兰尖故事，弘扬和传承攀枝花三线精神，让攀枝花三线精神薪火相传，让历史告诉我们攀枝花从这里走来。如今，博物馆集展览、爱国主义教育、党员教育、精神文化传承等功能于一体，成为兰尖文化的传承地和建设者们的精神家园，将这个城市在中国工业化进程中所取得的辉煌成就以颗粒化的形式呈献给大家。

七、五〇三地下战备电厂：深山里的洞府明珠

金沙江畔，层峦叠嶂之下，有一处神秘的所在——五〇三地下战备电厂。当年三线建设项目选址的基本要求是"靠山、分散、隐蔽、进洞"，五〇三地下战备电厂完美地诠释了这个规则。即便近距离观察，

五〇三地下战备电厂早期外景

人们也极易将之界定为一片烟囱林立的厂区甚至炊烟袅袅的居民区，丝毫不会觉察到地下竟然藏着一座10万千瓦的战备火力发电站。这是我国第一个也是唯一一座地下战备发电厂，于无声处见证着新中国波澜壮阔的建设史。

1966年正是国际形势日益紧张、外敌虎视眈眈之际，攀枝花不仅是三线建设重镇，更是国防工业的大后方，全面启动建设"发动机"尤为重要。于是，五〇三地下战备电厂正式筹建，经过多方论证，电厂最终选址在攀枝花市西区格里坪镇新庄村小尖山南麓。1968年挖掘工程正式开始，开工第一个难题就是要在整体由花岗岩构成的山体上打出数个可以容纳大型火力发电设备的洞室。一位当年参加电厂建设的老工人用最朴素而生动的语言描述了不可思议的攻坚克难场景："我是石匠，我们在石头山上打洞建电厂，整座的石头山。打那个发电机位置的时候，一个三十多方的石头吊在半空中卡住了，要用炸药炸开，稍有偏差就糟糕了。我喊上施工员去打爆洞，我说洞里没有其他人了，要死我们俩一起死，一定要把那个石头放下来！光打洞就打了4年，当时为了电厂的安全，烟囱从石头里钻出来，露在地面的部分修成一般人家烟囱的样子，旁人根本想不到下面藏着这么大的工程。"另一位参加建设的工程师也印象深刻："我们在五〇三建地下电厂，洞式工程。那个岩石很完整的，勘探时从山上往下打，一百多米都不裂。由于机械的限制，我们取出来的岩心都是4米一根，像个石头柱子一样！光光生生的，立在那儿很漂亮。就在石头里头抠一个40米高的洞，完全没有支撑，不像在隧道里还要起拱、打固。"

历时4年，1971年12月，在低于周围山体700米的山坳里，一个深220米、洞内最大跨度24米的巨石洞赫然呈现。让我们带着敬畏之心去触摸地下电厂的脉搏吧：山体上一大两小3个导洞口，电厂外观与周围环境浑然一体，纵然是火眼金睛也"难识庐山真面目"。内部洞室交错，大小洞室总长3 700米，总面积达22 400平方米。主洞坐南朝北，3个导洞东西向排列，连通了化学洞、电气洞、汽机洞、锅炉洞，各道洞呈"用"字型布局。石洞拱顶采用喷锚浇铸工艺，滴水不漏、坚不可摧，飞机、大炮对它也无可奈何。其时它第一次有了一个对外公开的名字"新庄发电厂"。由于工程实在庞大，加之当时交通困难，大型设备主要靠汽车运输，甚至肩扛手抬，直到1975年4月26日，1号机组才正式发电。至 2007 年 3 月 15 日最后一台机组关停，五〇三地下战备电厂共计发电 177 亿千瓦时。

五〇三地下战备电厂洞内机组安装场景

五〇三地下战备电厂的遗迹保护也颇具传奇色彩。1999 年 3 月攀枝花发电厂、河门口发电厂、新庄发电厂撤并组建为攀枝花发电公司；2002 年 12 月攀枝花发电公司划归中国华电集团公司管理，更名为四川华电攀枝花发电公司。2008 年在国家明确关停小型火力发电厂的"上大压小"政策之下，轰鸣 33 年的发动机渐渐安静下来。发电公司有意永久拆除五〇三地下战备电厂，但是，建设者的拳拳之情、有识之士的远见卓识和奔走呼号，终使这座洞府明珠免遭摧毁。同年，五〇三地下战备电厂被列为区级保护文物。2009 年 1 月，五〇三地下战备电厂生产现场 8 个洞口进行了保护性封堵，并在洞壁和部分留存文物上漆注"文物保护"字样，主管单位还专门成立保安队进行值班守护。随后数年，这座神秘的地下电厂似乎从人们的视线中消失了，成为老百姓口中的传说。

随着历史车轮滚滚向前，攀枝花不再是备战工业基地，这座"洞府"才向世人揭开神秘面纱。因为环保原因，五〇三地下战备电厂虽然关停了，但它并未退出历史舞台，遗存的道洞和洞内部分发电设备被封存下来。2019 年，五〇三地下战备电厂入选"中国工业遗产保护名录",成为近现代工业史迹代表性建筑。今日人们漫步其中,体感的舒适和视觉的冲击以及精神的震撼相碰撞,带来独一无二的体验。山洞里冬暖夏凉,十分幽静,建设者们称之为"洞府明珠"。目前,当地政府对其进行了恢复性保护,提升了外部保护区景观,复原了职工宿舍和部分生产场景等主题设施,已具备向游客开放的条件。五〇三地下战备电厂的保护不仅开创了工业遗产保护的新模式,也圆了建设者们精神留存之梦。

八、攀钢一号高炉:冶炼钒钛磁铁矿的第一高炉

弹指一挥间,坐落于横断山区金沙江畔的攀枝花钢铁公司已经迎来了它的第 55 个华诞。在这半个多世纪的光辉历程中,总有一些特别的事物和时间节点让人难以忘记,攀钢一号高炉就是其中之一。

1970 年 6 月 29 日,在近万名建设者期盼的目光中,位于弄弄坪的攀钢炼铁厂一号高炉流出了炽热的铁水,现场欢声雷动,喜悦的人们激动得热泪盈眶。这是攀钢人炼出的第一炉铁水,它标志着攀枝花钢铁基地建设的大会战取得了初步胜利。这一幕被永远载入新中国钢铁工业的

建设中的攀钢一号高炉

史册，因为这是一炉并不平凡的铁水，它是新中国第一代领导人倾注巨大心血、数千名优秀科研人员殚精竭虑进行技术攻关和十万三线建设者用一千八百多个日夜战天斗地无私奉献换来的成果。

20世纪60年代初，国际形势日益严峻，为了新中国社会主义制度的长治久安，党中央决定建设战略大后方。钢铁在当时是最重要的战略物资，由此开发攀枝花铁矿成为首先要解决的问题。

但是，高钒钛多种金属伴生使得攀枝花铁矿具有高黏稠性和渣铁不易分离的特性，在此之前全世界都没有大规模冶炼钒钛磁铁矿的成熟经验，特别是攀枝花铁矿的炉渣中含有高达30%的二氧化钛，这让国外专家称其为"呆矿"。为此1964年10月刚刚从鞍山搬迁到西昌的西南钢铁研究院（攀枝花钢铁研究院的前身）投入了紧张的研究之中。为了尽快攻克冶炼攀枝花铁矿的难题，冶金部从长沙矿冶研究所、重庆黑色冶金设计院、鞍钢、包钢、邯钢、东北工学院、重庆大学、西安冶金建筑学院等企业、科研院所和大专院校抽调了108名科研技术人员（由冶金部钢铁司炼铁处处长周传典任组长，东北工学院教授陆旸任总支副书记），组成"攀枝花铁矿冶炼试验组"，展开了艰苦卓绝的技术攻关。试验组历时8个多月，先后在鞍山、承德和西昌试验1 200多次，攻克了渣铁不分、粘罐和泡沫渣等难题，终于找到了适合攀枝花钒钛磁铁矿的全新冶炼方案，为攀枝花钢铁基地的建设扫清了第一个"拦路虎"。

与此同时，重庆黑色冶金设计院则承担了攀钢主体工程和一号高炉的设计任务。70多名科研人员夜以继日、大胆创新，采用梯田式布局创造了号称"象牙微雕钢城"的总体布局方案，又吸收国内外最先进的理念和技术工艺，设计出钢铁厂的核心设备——一号高炉。1966年6月在攀枝花刚刚组建的冶金部第十九冶金建筑公司（渡口市第二指挥部）承担了攀钢主体工程和一号高炉的施工任务。2万多名干部、职工、技术人员在2.5平方公里的弄弄坪厂区同时展开了热火朝天的建设，他们吃在工地、睡在工地，突破了建筑安装的一个又一个难题。为了确保一号高炉的顺利投产，渡口建设总指挥部组织下属冶金、建工、交通、电力、煤炭、铁道行业近十万职工从1966年到1970年在各个领域展开了一个又一个会战。终于在1970年6月29日这一天的凌晨4点，几十万建设者的青春、汗水和热血化作了一号高炉中喷流而出的那一道炙热的铁水。

回首历史，攀钢一号高炉从其诞生那一天开始，就是一座不平凡的高炉，它是新中国第一座完全由我国设计人员自行设计的高炉，也是世界上第一座能够冶炼高钛型钒钛磁铁矿的普通高炉，它是新中国科技人员和几十万建设者开拓与创新、智慧和勇气的结晶。

一号高炉还是一座长寿并始终保持着旺盛生命力的高炉。它的主体建筑寿命如今已达50年，虽有岁月侵蚀但仍很坚固，它的炉体设备经过技术人员的不断改进目前已经升级到了第五代，仍然具有旺盛的生产力。20世纪60年代建造的第一代炉体有效容积1 000立方米，在它运行的8年时间里，总共为国家产出了230多万吨铁水。为了给国家产出更多的铁，攀钢职工在总结经验的基础上不断改进炉体设计、冷却系统、耐火材料和辅助设施，使其产量和寿命不断提高。2002年7月建成的第四代炉共运行了14年9个月，总产量达到1 533万吨，增长了近6.7倍。目前运行的是第五代炉，有效容积达到了1 200立方米，日出铁水约3 200吨，预期寿命也延长到了15年以上。2018年10月老当益壮的一号高炉还刷新了攀钢高炉投产以来高炉利用系数的最高纪录。

2019年12月工信部发布了第三批《中国工业遗产保护名录》，攀钢一号高炉与板坯连铸、轨梁厂万能生产线、雾化提钒工艺、四号高炉、兰家火山大平硐、狮子山大爆破等一起作为工业遗存被纳入攀枝花钢铁公司的保护项目。对此攀枝花的建设者们倍感欣喜和骄傲，因为被纳入国家级遗产其意义并不在于遗产称号本身，而在于半个世纪以来几十万三线建设者为了保障民族独立、努力实现国家战略安全，用青春、生命和智慧创造的成果被刻上了新中国建设史的丰碑。

九、背水小道：习风园里传精神

习风园位于西区河门口，面积约有500平方米。"习风"二字取自《诗经》"习习谷风，以阴以雨"之句。"习风园"意为传承传习优良风尚的精神家园，是为弘扬三线精神、传承优良家风、培养优良家训而打造的群众文化休闲活动区域。目前习风园已经被省委组织部列为四川省党员教育培训示范基地，被市委列为三线建设干部学院教学基地、中共党史教育基地。整个习风园有八根柱子一条路、背水上山格子铺、河门口前一棵树、八角亭下立雕塑、初心不改传家宝、妈妈厨房味道好等几大内容板块。

习风园内有一条由红色花岗石铺设的路,叫创家路。创家路记载了从1964年国家水电部决定在河门口建设五〇三地下战备电厂到主攻"两矿"拿下"两厂"的重大战略决策过程。矗立在园内两侧的八根柱子,叫"擎家柱"。擎家柱分别代表了"孝、悌、忠、信、礼、义、廉、耻"八种品德。这些传统品德至今仍是维系社会和谐和家庭和睦的精神支柱。柱子上雕刻着三线建设时期的劳动模范和优秀共产党员的代表人物形象,比如焦裕禄式的好干部——亓伟、"八闯将"之快速掘进王——戴世森、"六金花"之傣族铁姑娘——李祥志等等。擎家柱后面共设置17张石凳,上面刻有我国传统文化典籍《大学》中的名句:格物、致知、诚意、正心、修身、齐家、治国、平天下,引导大家自觉传承中华优秀传统文化。

"最美女工"房桂芝的塑像矗立在习风园广场中央,这是攀枝花市第一次以政府名义为普通建设者树立的一座雕像,也是攀枝花市第一尊城市雕塑。因公牺牲前房桂芝是攀枝花建设初期宝鼎矿区第一个家属生产队队长,她为了保卫国家和集体财产,抢救他人,在扑灭山火时牺牲,被誉为在烈焰中升腾的"火凤凰"。她用勤劳的双手做着又苦又累又脏又重的平凡事、平凡活,不管是在自己热爱的工作岗位上,还是在保护国家财产的关键时刻,她的身上都始终闪现着艰苦创业、迎难而上之美,勤劳朴素、积极乐观之美,舍生忘死、无私奉献之美。她的美值得铭记、镌刻,她的美值得传承、弘扬。她用自己平凡而美丽的一生,展现着三线建设劳动者的时代风采,诠释着攀枝花精神的深刻内涵。

国是千万家,家风正则举国清。园区内有一面被称为"传家宝"的红墙,墙上展示着三线建设时期的老劳模、老党员所留下的家风家训。"传家宝"记载了老一辈河门口人教育后人的家训,彰显了忠实、诚信、清廉、奉献的家风。在学悟知行中"充电蓄能",看似单调的红墙却以这些小故事打动着人们,告诫人们应时时践行"好家训"、培育"好家风",从小"我"小家做起,助推时代新风尚,传递社会正能量。

旧景旧物是历史的见证,一件件物品承载历史,一幅幅图片记录进程,一处处实景浓缩记忆。这些历史物件残破的边角以最直接的方式,在人们脑海里拼出一幅幅关于三线建设峥嵘岁月的画面,诉说着老一辈们建设三线时的艰辛与不易。"创家路"的历史,"擎家柱"的文化,巾帼英模的雕像,旧物展厅的画面,都见证着时代变迁和人们对美好未来的期盼。

重走"背水小道",体验三线人的艰苦奋斗生活。20世纪60年代,在"备战备荒为人民,好人好马上三线"的号召下,大批建设者昼夜兼程、豪情满怀奔赴攀枝花,投身火热的三线建设。建设之初的攀枝花交通闭塞、荒无人烟,是一片不毛之地,"三通"(通水、通路、通电)都得靠建设者自己。那时攀枝花一年半载不见雨水,高温灼热,气候十分干燥,吃水、用水成了最大的问题。为解决生产生活用水的困难,建设者们只能从金沙江背水上山。背水要下到金沙江边,路途很远,为了减少背上和放下水桶浪费的时间,加快背水速度,保证生产用水,建设者们常常提着气、憋着劲背满满的一桶,负重前行很长一段路才把杵棒支撑在水桶下面歇口气,马上又开始前行。据当年亲历背水的建设者回忆,由于条件困难,很多人都是光着脚,踩着硌脚的石子,遇到很陡的地方,只能趴下身体,手肘撑地,双手拉住及腰深的茅草,把身体弯成一张弓,将水送到作业现场。但面对困难他们却充满了乐观主义精神,

三线建设时期人工背水上山

自编打油诗形容背水的情景:"骄阳似火照山岩,背水的队伍好气派!一盆清水半盆汗,脸盆里面浪花开。"为能够背更多的水,他们后来就改用汽油桶背水,早、中、晚各背一次。一盆水,早洗脸、晚洗脚,夜里盛一盛,明天继续用。

在三线建设者的记忆中,"干打垒"同样难以忘却。所谓"干打垒",就是一种简易的筑墙方法,从实际出发,因地制宜,就地取材,有土用土、有石用石、有草用草、有竹用竹,施工简单。干打垒让三线建设时期的先辈们有了暂时的居所,基地建设有了充分的后勤保障。据统计,从1965年3月至1966年7月期间,攀枝花盖起了16万多平方米的干打垒和干打垒式工棚,不仅解决了上万职工的住房问题,使各路建设队伍进得来、站得住,还为国家节约了大量的物力和财力。"白天杠杠压,晚上压杠杠",指的就是建设者们白天用杵、木杠等生产工具投身三线建设,晚上再用生产工具搭成简易床睡觉。干打垒既是一种工具、一种方法,更是一种创造、一种精神。无论攀枝花发展的脚步走到哪里,干打垒精神都将在一代又一代攀枝花人的身上传承下去,它是攀枝花人前行的源动力。

"红日初升,其道大光;河出伏流,一泻汪洋。"背水铁桶装满的是三线建设者们的初心使命,干打垒搭起的是建设美丽攀枝花的砖瓦基石,先辈们艰苦创业换来的是现今的安定幸福。铭记三线历史,传承红色基因,让"英雄攀枝花"的三线精神落地生根,永放光芒!

十、二滩水电站:"高峡平湖"开新篇

攀西地区因独特的地质条件,蕴藏着丰富的水利资源。二滩水电站距攀枝花市区46公里,位于雅砻江下游距金沙江交汇口33公里的盐边与米易两县交界处,系雅砻江水电基地梯级开发的第一个水电站,上游为官地水电站,下游为桐子林水电站。电站以发电为主,兼有其他等综合利用效益。它是我国第一个全面对外开放的大型水电工程,即利用世界银行贷款并全面采用国际招标方式建设的大型水电站,在我国水电工程建设史上具有重要影响。

从20世纪50年代开始雅砻江的综合考察和水能资源踏勘,到决定开发二滩水电站,用了30年。1986年5月20日,方毅副总理在给党

中央、国务院的报告中指出，建议尽快建设二滩水电站。从 1991 年正式动工到 2000 年竣工，建设二滩水电站共用了 10 年时间，总投资 286 亿元，是中国在 20 世纪建成投产最大的水电站。二滩水电站是新中国成立以来我国西部规模最大、技术最复杂、投资最多的基础设施项目之一。电站最大坝高 240 米，总库容 58 亿立方米，水库面积 101 平方公里。主体建筑物主要由溢流式双曲拱坝和左岸地下厂房洞室群组成，6 台混流式水轮发电机组，总装机容量 330 万千瓦，设计多年平均发电量 170 亿千瓦时。

20 世纪 80 年代，伴随我国改革开放不断推进，经济发展对电力的需求越来越大。为充分发挥四川水能资源富集的优势，积极开发水电，实现全省能源资源的优化配置，国家决定建设二滩水电站。鉴于改革开放的形势和国内资金短缺现象，国家决定利用外资建设二滩水电站。二滩水电站是我国改革开放后面向全世界公开招标建设的第一个大型水电工程，引来了全世界的水电工程承包商和设备供应商的关注与参与。国家计委在批准的立项文件中，明确组建二滩水电开发公司，承担筹资、建设、运营、还贷、发展等五大任务。1995 年二滩水电开发公司以实施《公司法》为契机，进行股份制改造，组建了多元投资主体的二滩水电开发有限责任公司，形成了现代股份制公司运作机制。中国著名经济学家吴敬琏评论称："现代企业制度远在天边，近在二滩。"2012 年 11 月 8 日，二滩水电开发有限责任公司正式更名为雅砻江流域水电开发有限公司。二滩水电站项目法人责任制的管理体制，克服了计划经济时代基建与生产分离的缺点。全世界有 40 多个国家、涉及数百个工程子项目、共上万人参与到工程建设中，比合同工期提前 181 天完成项目建设。二滩工程的成功，标志着我国水电建设水平迈上了一个新台阶，川渝两地因此告别了多年的电力紧张局面，为 21 世纪的经济发展奠定了基础。

二滩水电站取得了举世瞩目的建设成就，主要是：建成 20 世纪亚洲第一、世界第三的高拱坝，其承受的水压荷载和泄洪功率位居当时世界上已建双曲拱坝首位，二滩水电站大坝的修建，为国内小湾、溪洛渡、锦屏一级等其他同类大坝建设积累了经验；由地下主厂房、主变压器室和尾水调压室三大平行地下洞室为主构成的地下厂房洞室群平均埋深 250~300 米，总开挖量达 370 万立方米，建成当时亚洲最大的地下

攀枝花二滩水电站

厂房洞室群；国内水电机组设计制造能力迈上60万千瓦级台阶，东方电机厂和哈尔滨电机厂通过参与制造分包，其水电机组设计制造能力从30万千瓦级跃升到60万千瓦级，为后来东方电机厂、哈尔滨电机厂成为世界顶尖水电装备制造商打下了基础。该工程获得"国家环境友好工程""中国土木工程詹天佑奖"等多项国内工程荣誉。

二滩水电站通过引进外资、公开招标和与国际接轨、引进技术、培养水电人才等，对我国的水电工程建设产生了积极影响，在国际上也享有盛誉。二滩水电工程共引用外资10.8亿美元，这些贷款不仅缓解了国内资金的不足，保证了建设项目按合理的系统进度实施，为探索建立符合市场经济规律的大型工程建设项目管理制度做出了贡献。由于引入世界银行贷款，二滩水电站主体工程需进行国际公开招标，来自全世界43个国家的600多名外国工程技术人员参与了二滩水电站建设，二滩水电站建设管理实现了与国际项目管理全面接轨。为此，建设方专门在距离电站8公里的纳尔河畔修建了外国专家的住地"欧方营地"，入住了意、德、法、英等44个国家的1 200多名专家，当时被称之为"小联合国"。通过有条件的招标，国内设备制造商得以引进国外先进的制造技术，促进我国水轮发电机组的制造能力提升。二滩水电站建设为国内培养了大量的国际水电工程设计、施工等方面的管理和技术人才，为中国水电走向世界打下坚实基础。在与外国公司合作过程中，中方管理人员和技术人员掌握了大量的国际工程管理知识，积累了大量的国际工程经验，为此后参与国际水电工程承包打下了基础。目前，中国企业占有国际水电工程市场，特别是"一带一路"沿线国家市场的绝对主要份额，成为国际水电工程市场的最大参与者。

20多年来，二滩水电站为国家贡献了近3 000亿千瓦时的绿色清洁电能，在促进区域经济社会发展、改善人民生活上发挥了巨大作用。二滩水电站是举全国之力、借助改革开放的东风，在20世纪建成的我国最大的水电站，它见证了我国水电工程建设改革开放的许多重要历史，是我国水电行业改革开放的一部经典力作。

十一、桥梁博物馆：渡口与桥的故事

三线建设时期的攀枝花叫渡口市，是一座典型的山城，高山裂谷构成了她的基本地貌，穿城而过的金沙江和雅砻江让她与桥结下了不解之缘，也让她获得了"桥梁博物馆"的美称。

攀枝花的桥梁建设有两个高峰。第一个是20世纪60至70年代三线建设大开发的初期，市内主要桥梁都是那时候建造的，奠定了市内交通的基本框架。进入新世纪以后，随着老桥更新和高速公路建设的兴起，造桥事业又进入第二个高峰，使得市内交通布局更加合理，桥梁类型不断丰富。攀枝花有各式各样的桥，悬索桥、拱桥、T型桥、斜拉桥，上承式、中承式、下承式桥，公路桥、铁路桥一应具全。在三线建设时期一些桥曾经以保密代码来命名，如01桥（雅江桥）、02桥（渡口桥）、03桥（密地桥）、04桥（陶家渡吊桥）、05桥（荷花池大桥）、06桥（新庄大桥）、07桥（宝鼎大桥）……这些桥是连接钢城各个片区的纽带，也连接着人们的生产与生活。在老攀枝花人的心中，桥不仅仅是交通设施，也是城市的风景，更是一种在记忆中挥之不去的情结。以至于很多离开多年的老三线建设者们回来之后，总会坐车专门去看这些让他们心心念念的桥。

雅江桥是众多桥梁中最有纪念意义的桥，原保密代码3001，简称01桥。20世纪60年代初的攀枝花崇山峻岭、交通落后，两江之上无一桥梁，跨江运输只能靠为数不多的几个渡口。为了把大批建设物资运进攀枝花，加快攀钢的建设，当时的渡口市建设总指挥部在雅砻江和金沙

三线建设之光
——英雄攀枝花的三线情缘

江汇合处以北约200米的地方修建了这座大跨度钢桁架悬索吊桥。它是攀枝花大开发中建造的第一座桥,1965年5月工程开工,1966年7月通车。1970年成昆铁路通车之前,来自全国的一批批早期三线建设者们都是乘坐汽车经由它进入攀枝花并奔赴各自的工作岗位。1966年4月大桥尚未竣工的时候,时任全国人大常委会副委员长的郭沫若到攀枝花视察,亲自为雅砻江上的这第一座大桥题写了"雅江桥"的名字。

从外形来看,雅江桥是一座造型清秀、略有复古美感的吊桥。两根修长的悬索悬挂在简洁的混凝土桥塔上,支撑着钢架结构的桥面,坚固而又轻盈。桥的两墩跨径171.9米,桥面宽7米,居当时我国同类桥梁之首。雅江桥默默地为攀枝花建设服务了39年,2005年它正式退休。人们在它的南面100米处又新建了一座长330米、单跨176米的上承式钢筋砼箱拱桥,新桥仍然取名为雅江桥,取代了老桥的通行作用。但老桥承载了太多的历史意义和早期创业者们火红的记忆,攀枝花市政府做出决定,将其保留作为攀枝花建设的历史文化遗存,让它在过去、现在和将来继续见证这座三线城市的历史与辉煌。

01号雅江大桥

攀枝花有很多的桥,但对真正的老攀枝花人来说,记忆最深、分量最重的桥是渡口大桥。这座曾经是攀枝花市最重要的交通枢纽的桥在20世纪60至90年代堪称攀枝花市的地标。在20世纪60年代轰轰烈烈的攀枝花大开发中它是建设者们修建的第二座桥,原保密代码3002。

准确地说,渡口桥先后共有三座。第一座是渡口吊桥,位于现渡口大桥下游几百米处。1965年3月建成,是一座为了方便南北两岸人员往来而修建的以人行为主的吊桥,供载重8吨以下汽车通过。1965年11月,时任中共中央书记处总书记的邓小平同志考察西南三线建设时曾特意上桥视察工程质量,留下了宝贵的图片资料。1965年7月,在它上游的老渡口大桥开工建设(因该桥已于2002年拆除,在原址上建新桥,故称作老渡口大桥),1966年11月建成,渡口吊桥便不再使用,又于20世纪80年代被改作输送煤气管道的专用桥。如今渡口吊桥已经成为攀枝花开发建设的重要历史文物,遗憾的是它已经封闭多年,孤独寂寞地横跨在金沙江上,掩盖在树丛之中,以致许多年轻一代的攀枝花人竟然忽视了它的存在。

在早期三线建设者的记忆中老渡口大桥才是他们心中真正的渡口大桥。它是一座造型美观的五孔钢板箱型肋拱桥,中间是跨度长达180米的钢结构主拱,两岸水泥桥墩各设两个小拱。从主体结构来看,它是一座钢桥,身材修长,比例协调,比之现在的钢筋混凝土新桥,它显得更加雄伟,更能凸显攀枝花钢铁城市的独特气质。渡口大桥横跨金沙江南北两岸,北岸是弄弄坪片区(攀钢总部所在地向阳村、各分厂和职工生活区),南岸是大渡口片区(当时的渡口市政府所在地和大渡口生活区),两者是当时攀枝花人口最为集中的地区。在炳草岗大桥建成之前,它是市区通往攀钢的必经之路。每日桥上车水马龙,家住南岸的攀钢职工坐着通勤车在晨曦中经过它赶赴工作岗位,南北桥头的公交车站上人

渡口大桥建成通车典礼

流如织，桥下是滚滚江水，两岸是挺拔的攀枝花和红云一般盛开的凤凰树，一幅热闹繁忙的景象。

大桥南岸的大渡口街是20世纪六七十年代第一批三线建设者到达攀枝花的下车点，这里汇聚着攀枝花市的第一个招待所、邮电局、电影院、一商店、灯光球场，给建设者们留下了对攀枝花的最初记忆。20世纪八九十年代，南桥头的斜坡上开设了攀枝花第一条个体户商业街，还有着当时全市最好的饭馆"攀花园"。在那个物质缺乏的时代，大渡口汇聚了全攀枝花最好的生活物资和娱乐设施。大桥北岸弄弄坪的攀钢厂区则是机器轰鸣，炼钢工人们正创造着一个又一个新的生产纪录，焦化厂的高烟囱冒着熊熊火焰，拉着钢包的火车鸣着汽笛穿行在各厂之间，江边上不时倾倒的钢渣烧红了半边天。渡口大桥就这样把城市的生产和生活连接了起来，它承载着无数人对事业的追求、对美好生活的向往。

2002年老渡口大桥在超负荷运行35年后终于不堪重负光荣退休了。在它原址上重建的新桥于2004年12月通车，新桥改为钢筋混凝土砼箱型大桥，但保留了拱桥的基本造型，桥身变得更加粗壮，桥面宽度增加了一倍以上，承载能力也提高了数倍。但在它的下游先期动工的炳草岗大桥于2001年底竣工，取代了它南北两岸交通枢纽的地位。20世纪80年代攀枝花市政府驻地迁往炳草岗，大渡口区也失去了它作为攀枝花市政治经济中心的地位，随着人流的减少和商业衰落，曾经风光无限的渡口大桥渐渐失去了它昔日的辉煌。如今，看着大桥两岸稀稀落落的行人，几无顾客的"渡口记忆"，只能使老攀枝花人留下一声年华已逝、青春不再的叹息。

密地大桥位于渡口大桥的下游10公里处，原保密代码3003，建成于1969年，是攀钢集团矿业公司瓜子坪片区和五道河片区通往市区的必经之桥。密地大桥是一座栓焊无铰钢桁架拱桥，在普通攀枝花市民眼中，它和老渡口大桥就像是两兄弟，都是钢结构的拱形桥。由于它处于下游，高度不如渡口大桥，当然就只能屈居老二了。但事实上它在国内桥梁界的名气大于渡口桥，它的主孔跨度181米，建成后很长时间里都是国内跨度最大的钢桁架拱形桥，以至于1978年中国邮电发行名为"公路拱桥"的邮票时，把它作为套票的第一枚，名为"川西三号桥"。这座桥给人印象最为深刻的是人行道上两根硕大的钢管，不明其用途的市区孩子们总是会猜测它们是自来水管还是煤气管,其实它是选矿厂用来输送尾矿的专用管道。它像一条钢铁长龙从位于江北的厂区蜿蜒穿过密地大桥一直通向南岸山坡上的尾矿坝,绵延数公里,蔚为壮观。这铁龙与铁桥的搭配虽然说不上美观,但却在向世人展示着攀枝花重工业钢铁城市的硬汉形象。

03 号密地大桥

家住瓜子坪和五道河的攀枝花市民对密地大桥有着很深厚的感情。兰尖铁矿和朱家包包铁矿都位于地势较高的古火山口上,江边上的密地桥是这两个片区和炳草岗市区三者之间的中转站。由于钢桥难以承受过于频繁的重负,有一段时间两岸的公交车是不过桥的,市民需步行过桥中转乘车。走在并不宽敞的人行道上,一边是硕大的输送管道,一边是穿行不息的车流,桥下湍急的金沙江水打着漩涡,货车经过时桥面微微颤抖,这些产生的压迫感让人不得不加快步伐,以期尽快通过这座让人有点胆战的大桥。2008 年密地大桥辛勤服务了 40 年后到了它的退休年龄,市政府决定在它旁边 20 米处修建一座钢筋混凝土箱型拱桥,2011 年 9 月新桥正式通车取代了老桥。由于新桥是分幅式结构,本质上是由两座独立的桥并排构成,结果就形成了新老三桥并列的独特景观。为了纪念攀枝花铁矿的发现者,市政府还在桥南的花园中修建了常隆庆教授塑像,大桥两岸也变得更加美丽。遗憾的是,虽然老桥已不通车,但病害似乎不可逆转，2019年8月攀枝花市政府宣布拆除旧桥，攀枝花市民们纷纷转发公告，一时无数老攀枝花人来到江边，以期和这座陪伴他们多年的老朋友做最后的合影留念。

位于西区陶家渡的法拉大桥也是一座横跨金沙江的桥梁。其前身是1968年建成的陶家渡吊桥（原保密代码3004），它是宝鼎煤矿向攀钢输送煤炭的重要通道。老吊桥是一座钢塔加钢桁架的网式加劲桁构桥，其造型充满了20世纪60年代的时代感，因通行能力日益跟不上攀钢发展的需要，成为煤炭运输的瓶颈，攀枝花市政府于2004年将其拆除，同时在它的旁边修建了法拉大桥，2005年建成通车。新桥是一座中承式钢管混凝土拱形桥，全长234米，跨径190米。远远望去桥的外形很漂亮，作为承重结构的桥拱是由两组各4根钢管并联构成，从江岸向上划出两道红色的圆弧，像一道巨大的彩虹横跨在金沙江上，桥面架设在彩虹的中部，轻盈得像个少女。但走近之后却让人大呼上当，它分明是个粗犷的钢铁汉子，层层叠叠、交错纵横的钢管丝毫不加掩饰，赤裸裸地展示着男性荷尔蒙的阳刚和力量。桥上方的天空中，宝鼎矿区的架空索道挂着数不清的挂斗，源源不断地输送着黝黑的精煤，江水、铁桥和索道就这样不经意地构成了一幅完美的重工业图画。

1968年5月，横跨金沙江的陶家渡吊桥建成通车

三堆子铁路大桥位于金江火车站上游几百米处,是成昆铁路线上最具代表性的大桥之一,它建成于1969年10月。几乎所有到过攀枝花的人都会对它留下深刻的印象,因为它是从成都方向进入攀枝花火车站的门户。每当列车经过长途跋涉,在崇山峻岭中穿过无数高山峡谷,终于沿着金沙江开始减速缓行,广播里奏响悠扬的萨克斯乐曲《回家》,然后列车拐头跨上江面,在巨大的呼呼声中穿过这座像门一样的桥梁,你就知道终点站攀枝花到了。

三堆子铁路大桥

它是一座外形宏伟的简支铆接钢桁架桥,主孔跨度长达194米,曾经是中国跨度最大的铁路桥梁,其上部的桁架宽10米,高24米,总重量2 292吨。远远望去,在三堆子河段相对开阔平缓的江面上,两只粗壮坚实的椭圆形桥墩托举着巨大的钢架,让它显得格外刚劲雄伟,宛如一个钢铁巨人横跨在江面上。在那个不通铁路、缺少机械的年代,修建这样的大桥难度之大可以想见。

对早期的攀枝花建设者来说,三堆子大桥就是一座让人欢喜让人愁的桥。那时的攀枝花物资匮乏,气候恶劣,艰苦的生活条件让每一个建设者都或多或少地怀有思乡之愁。20世纪70年代,每当蒸汽机车冒着浓浓的白烟驶出三堆子大桥,回家的喜悦就洋溢在每一个乘客的心中,化作一路欢声笑语。然而出发的喜悦总会化为返程的惆怅,当列车再次踏上这座大桥也就意味着又回到了这片献了青春献终身、献了终身献子孙的火热的土地。

进入新世纪之后，由于20世纪六七十年代建造的旧桥们纷纷到了使用寿命极限，承载能力也已跟不上城市发展的需要，攀枝花市的老桥更新与新桥建设同时展开，掀起了桥梁建设的第二个高峰。一方面根据城市发展的需要，重建了雅江桥（01桥）、渡口桥（02桥）、密地桥（03桥）、陶家渡桥（法拉大桥，04桥），近年来宝鼎大桥（07桥）的重建工作也已经提上议事日程。另一方面则是根据省市交通规划修建了倮果大桥、炳草岗大桥、西攀高速金沙江大桥、丽攀高速倮果大桥、三堆子公路大桥等一系列新桥，使得城市交通布局更加合理，市政景观也更加美丽。

炳草岗大桥建成于2002年，它位于渡口桥和密地桥之间，南岸连接着攀枝花市政府所在地炳草岗，江北是攀钢集团枣子坪片区。建成之后它就取代渡口大桥，成为市区连接攀钢的最主要通道。炳草岗大桥是一座由T型钢构桥与斜拉桥相连接而成的混合式特大公路桥，全长516米，双向四车道。坐落于金沙江北岸的大桥主塔高度180.8米，92根拉索承载着长度150米的主桥梁，加上南岸的T型钢构梁，合起来总跨度200米，后端连接的引桥呈伞状分布。大桥的整体造型简洁干练、雄伟壮观，充满现代感。相比同期设计的其他桥梁，它显得更加身姿绰约，因而深受攀枝花市民的喜爱，摄影爱好者们则为它拍摄了无数靓

炳草岗大桥

照，让它迅速成为攀枝花城市的新地标。如今，随着攀枝花市由单一的工业城市向阳光康养城市的转型，作为城市交通枢纽的炳草岗大桥日益成为冬季康养旅游的形象代表。

自古江山辈有才人出，各领风骚数百年。21世纪以来随着高速公路建设如火如荼地开展，攀枝花的桥梁建设记录也不断被刷新，特大型桥梁层出不穷，这些新桥融合了国内桥梁建设的最新技术，无论在长度还是在高度上都让老桥们相形见绌。若问攀枝花当前最漂亮的大桥是谁？京昆高速公路金沙江大桥当之无愧。这座极其壮观的特大型桥梁建成于2007年12月，是目前攀枝花市内最长的大桥。它位于三堆子铁路大桥下游不远处，是成都方向进入攀枝花市区的门户。整座桥共有22个桥墩，全长1 390.5米，主桥是一座造型雄伟壮丽的双塔双索面斜拉桥，跨度长达324米，索塔墩高158.65米，引桥为T形预制简支梁。京昆高速公路的通车，使得昔日交通不便的攀西地区交通状况得到了极大改善，也在很大程度上弥补了成昆铁路的不足。曾几何时，20世纪60年代的建设者们乘坐汽车从成都到攀枝花需走三天三夜，泥巴山、拖乌山、金口河让多少司机心惊胆寒。如今高速公路穿山越岭，把这段漫长艰险的行程缩短到8小时，已经成为攀枝花市民外出旅行时最主要的选择。

2009年开工的丽攀高速公路又为攀枝花市新添了三座跨越金沙江的特大型桥梁，分别是庄上大桥、大水井大桥和倮果大桥。其中倮果金沙江大桥是一座连续T型梁大桥，长862米，主跨230米，桥面距离金沙江面高达110米，成为攀枝花交通建筑中又一壮观的风景线。据说在它上游不远处正在建设中的成昆铁路复线工程青龙山铁路大桥也是一座全长473.5米、主跨208米的双塔双索面矮塔斜拉桥，是目前国内双线铁路桥梁中跨度最大的斜拉桥，待其建成，攀枝花"桥梁博物馆"将再添一道靓丽风景。

参考文献

[1] 王春才. 巴山蜀水"三线情"[M]. 北京：人民出版社，2018.

[2] 陈东林. 三线建设——备战时期的西部开发[M]. 北京：中共中央党校出版社，2003.

[3] 陈夕. 中国共产党与三线建设[M]. 北京：中共党史出版社，2014.

[4] 薄一波. 若干重大决策与事件的回顾[M]. 北京：中共中央党校出版社，1993.

[5] 中共中央党史研究室. 中国共产党历史第二卷（1949—1978）[M]. 北京：中共党史出版社，2011.

[6] 中共攀枝花市委党史研究室. 中国共产党攀枝花历史（1928—1978）[M]. 北京：中共党史出版社，2016.

[7] 钟声. 战略调整——三线建设决策与设计施工[M]. 长春：吉林出版集团有限责任公司，2011.

[8] 郑有贵，张鸿春. 三线建设和西部大开发中的攀枝花——基于攀枝花钢铁基地建设和改革发展的研究[M]. 北京：当代中国出版社，2013.

[9] 沈贯力. 三线建设对我国区域经济发展战略的启示[J]. 传承，2008（7）.

[10] 黄荣华. 三线建设原因再探[J]. 河南大学学报：哲学社会科学版，2002（2）.

[11] 当代中国研究所. 中华人民共和国史稿（第三卷 1966—1976）[M]. 北京：人民出版社，2012.

[12] 顾秀. 历程回望[M]. 上海：上海文艺出版社，2006.

[13] 何郝炬，何仁仲，向嘉贵. 三线建设与西部大开发[M]. 北京：

当代中国出版社，2003.

［14］中共攀枝花市委党史研究室. 攀枝花五十年：建设者回忆录［M］. 北京：中共党史出版社，2015.

［15］刘茂才，薛世成. 攀钢：中国钢铁工业的骄傲——攀枝花钢铁公司发展史论［M］. 重庆：重庆出版社，1994.

［16］四川省攀枝花市志编纂委员会. 攀枝花市志［M］. 成都：四川科学技术出版社，1995.

［17］攀枝花钢铁（集团）公司. 攀钢志（1964－1985）［M］. 北京：科学出版社，1994.

［18］陈东林. 走向市场经济的三线建设调整改造［J］. 当代中国史研究. 2002（3）.

［19］宋毅军. 陈云关于三线建设调整改造决策的历史回顾和思考［J］. 上海陈云研究，2010.

［20］李彩华. 三线建设调整改造的得与失［J］. 当代经济研究，2005（6）.

［21］周明长. 三线建设调整改造与重点区域城市发展［J］. 贵州社会科学，2016（10）.

［22］董志凯. 三线建设中企业搬迁的经验与教训［J］. 江西社会科学，2015（10）.

［23］我国三线建设调整改造取得重大进展［N］. 人民日报，1991－12－04（2）.

［24］吴传钧. 调整布局，促进三线建设［J］. 开发研究，1987（3）.

［25］向嘉贵. 略论大三线的调整［J］. 开发研究，1987（1）.

［26］张京成，刘利永，刘光宇. 工业遗产的保护与利用——"创意经济时代"的视角［M］. 北京：北京大学出版社，2012.

［27］陈俊. 论我国工业遗产的保护与利用［J］. 四川建筑，2009（5）.

［28］于长英. 城市工业遗产的保护与利用［J］. 辽宁师范大学学报：自然科学版，2009（1）.

［29］张鸿春. 三线风云（第三集）［M］. 成都：四川人民出版社，2017.

［30］孟祥夫. 三线精神——再艰难也没人喊苦喊累［N］. 人民日报，2019－01－17（4）.

［31］李晓东，危兆盖. 历久弥新的是三线精神——攀枝花迎来开发建设五十年［N］. 光明日报，2015-03-12（1）.

［32］陈东林. 三线建设的决策与价值：50 年后的回眸［J］. 发展，2015（2）.

后 记

攀枝花是一座很特别的城市，没有三线建设就没有今天的攀枝花，攀枝花因三线建设而生。在20世纪60年代的风云岁月中，攀枝花因为独特的地理位置和资源禀赋，成为三线建设的重中之重，一夜之间走到了聚光灯下。几十万建设大军汇集攀枝花，在金沙江畔裂谷之巅上演了一幕战天斗地的时代活剧。不过短短数年时间，不毛之地已是百里钢城，荒蛮之处变成烟火人间。节物风光不相待，桑田碧海须臾改。55年的发展历程，跨越两个世纪，见证数个时代。当"献了青春献终身，献了终身献子孙"的建设者都已经老去，我们拿什么来记住他们的青春年华，传颂他们的使命担当？

每一座城市都有自己的灵魂，三线建设孕育的精神文化就是攀枝花的"根"和"魂"。"向后看"是为了总结经验，更是为了"向前看"。今年正好是攀枝花建市55周年，今天的攀枝花正以新的视野，重构发展优势，走向更加美好的未来。此时，我们特别想编写一本全面反映攀枝花三线建设历史文化的读本，用这样的方式去记录三线建设者的奋斗历史，讲述他们热血沸腾的峥嵘岁月，传承和弘扬三线精神。攀枝花学院三线建设研究团队此前已经中共中央党校出版社出版《三线建设历史与文化》一书，在此基础上团队再接再厉，把研究重点放在攀枝花本土三线建设资料收集与整理上。2017年启动项目研究，2018年开始着手书稿的撰写，其间得到攀枝花市委党史研究室、攀枝花中国三线建设博物馆和市文物局、档案局等单位的大力支持，也受到四川大学李德英教授、上海大学吕建昌教授等专家学者的启发，在此给予诚挚的感谢。本书的出版得到了攀枝花市委组织部、宣传部和三线建设干部学院、攀枝花纪检监察学院的大力支持，希望本书的出版能为攀枝花三线建设文化的宣传普及、三线精神的传承弘扬贡献微薄的力量。

  本书具体分工情况：肖立军为全书顾问，编委会主任；朱云生负责全书的框架建构，执笔第一、二章；罗春秋执笔第三章；代俊执笔第四、五、六章；王华执笔第七、八、九章；何悦执笔第十、十一章；第五篇由姚晓菲、唐林、韩刚、罗春秋、代俊、朱云生、王华共同执笔完成。全书最后由朱云生、何悦负责统稿和审理。

2020 年 3 月